Planejamento e
gestão estratégica

Central de Qualidade — FGV Management
ouvidoria@fgv.br

SÉRIE CADEMP

Planejamento e gestão estratégica

Felipe Decourt
Hamilton da Rocha Neves
Paulo Roberto Baldner

Copyright © 2012 Felipe Decourt, Hamilton da Rocha Neves, Paulo Roberto Baldner

Direitos desta edição reservados à
EDITORA FGV
Rua Jornalista Orlando Dantas, 37
22231-010 — Rio de Janeiro, RJ — Brasil
Tels.: 0800-021-7777 — 21-3799-4427
Fax: 21-3799-4430
editora@fgv.br — pedidoseditora@fgv.br
www.fgv.br/editora

Impresso no Brasil/Printed in Brazil

Todos os direitos reservados. A reprodução não autorizada desta publicação, no todo ou em parte, constitui violação do copyright (Lei nº 9.610/98).

Os conceitos emitidos neste livro são de inteira responsabilidade dos autores.

1ª edição — 2012; 1ª reimpressão — 2012; 2ª reimpressão — 2013;
3ª reimpressão — 2017; 4ª reimpressão — 2020; 5ª reimpressão — 2021;
6ª reimpressão — 2023;

Preparação de originais: Sandra Frank
Editoração eletrônica: FA Editoração Eletrônica
Revisão: Fatima Caroni | Sandro Gomes dos Santos
Capa: aspecto:design

Ficha catalográfica elaborada pela
Biblioteca Mario Henrique Simonsen/FGV

Decourt, Felipe.
    Planejamento e gestão estratégica / Felipe Decourt, Hamilton da Rocha Neves, Paulo Roberto Baldner. — Rio de Janeiro : Editora FGV, 2012.
    136 p. — (Série Cademp (FGV Management))

    Publicações FGV Management.
    Inclui bibliografia.
    ISBN: 978-85-225-0951-5

    1. Planejamento estratégico. I. Neves, Hamilton da Rocha. II. Baldner, Paulo Roberto. III. Fundação Getulio Vargas. IV. FGV Management. V. Título. VI. Série.

CDD— 658.401

*Aos nossos alunos e aos nossos colegas docentes,
que nos levam a pensar e a repensar as nossas práticas.*

Sumário

Apresentação 9

Introdução 13

1 | Ambiente estratégico: contexto inicial 17
Um breve histórico sobre estratégia 18
O que é e o que não é estratégia? 21
Falando um pouco mais sobre eficiência operacional 22
Posicionamento: um conceito essencial 26
Estratégia: o que fazer e o que não fazer (*trade-off*) 28
Estratégia: a importância da compatibilidade
   entre as atividades 30
A importância dos valores para uma organização 34
Planejando a estratégia 36
Gerenciando a estratégia 43
O papel da liderança no planejamento e na gestão
   da estratégia 46

2 | Planejando a estratégia: de olho no futuro 49
Análise de portfólio 50
Análise de Hamel e Prahalad 56
Visão de futuro 62
Matriz de Ansoff 65
Análise da concorrência 69

3 | Planejando a estratégia: oportunidades do mercado 75
Análise de Porter 76
A matriz BCG (Boston Consulting Group) 81
A matriz GE/McKinsey 92
Análise Swot ou Pfoa ou Fofa 95

4 | Gerenciando a estratégia 99
Conceitos iniciais 100
Objetivos 101
Diferença entre objetivos e metas 102
Objetivos estratégicos, financeiros e prioridades 104
Matriz de priorização e avaliação de projetos (MPAP) 106
Plano de gestão 110
Princípios do alinhamento estratégico 112
Traduzindo a estratégia de forma prática e operacional 114
Alinhando as unidades, departamentos e setores à estratégia: foco 118
Integrando as pessoas à estratégia 121
Gerenciando a estratégia 123
De volta à liderança 125

Conclusão 127

Referências 129

Os autores 133

Apresentação

Este livro compõe as Publicações FGV Management, programa de educação continuada da Fundação Getulio Vargas (FGV). Instituição de direito privado com mais de meio século de existência, a FGV vem gerando conhecimento por meio da pesquisa, transmitindo informações e formando habilidades por meio da educação, prestando assistência técnica às organizações e contribuindo para um Brasil sustentável e competitivo no cenário internacional.

A estrutura acadêmica da FGV é composta por oito escolas e institutos: a Escola Brasileira de Administração Pública e de Empresas (Ebape), dirigida pelo professor Flavio Carvalho de Vasconcelos; a Escola de Administração de Empresas de São Paulo (Eaesp), dirigida pela professora Maria Tereza Leme Fleury; a Escola de Pós-Graduação em Economia (EPGE), dirigida pelo professor Rubens Penha Cysne; o Centro de Pesquisa e Documentação de História Contemporânea do Brasil (Cpdoc), dirigido pelo professor Celso Castro; a Escola de Direito de São Paulo (Direito GV), dirigida pelo professor Oscar Vilhena

Vieira; a Escola de Direito do Rio de Janeiro (Direito Rio), dirigida pelo professor Joaquim Falcão; a Escola de Economia de São Paulo (Eesp), dirigida pelo professor Yoshiaki Nakano; o Instituto Brasileiro de Economia (Ibre), dirigido pelo professor Luiz Guilherme Schymura de Oliveira. São diversas unidades com a marca FGV, trabalhando com a mesma filosofia: gerar e disseminar o conhecimento pelo país.

Dentro de suas áreas específicas de conhecimento, cada escola é responsável pela criação e elaboração dos cursos oferecidos pelo Instituto de Desenvolvimento Educacional (IDE), criado em 2003 com o objetivo de coordenar e gerenciar uma rede de distribuição única para os produtos e serviços educacionais da FGV, por meio de suas escolas. Dirigido pelo professor Clovis de Faro e contando com a direção acadêmica do professor Carlos Osmar Bertero, o IDE engloba o programa FGV Management e sua rede conveniada, distribuída em todo o país (ver www.fgv.br/fgvmanagement), o programa de ensino a distância FGV Online (ver www.fgv.br/fgvonline), a Central de Qualidade e Inteligência de Negócios e o Programa de Cursos Corporativos In Company. Por meio de seus programas, o IDE desenvolve soluções em educação presencial e a distância e em treinamento corporativo customizado, prestando apoio efetivo à rede FGV, de acordo com os padrões de excelência da instituição.

Este livro representa mais um esforço da FGV em socializar seu aprendizado e suas conquistas. Ele é escrito por professores do FGV Management, profissionais de reconhecida competência acadêmica e prática, o que torna possível atender às demandas do mercado, tendo como suporte sólida fundamentação teórica.

A FGV espera, com mais essa iniciativa, oferecer a estudantes, gestores, técnicos — a todos, enfim, que têm internalizado o conceito de educação continuada, tão relevante nesta era do conhecimento — insumos que, agregados às suas práticas, possam contribuir para sua especialização, atualização e aperfeiçoamento.

Clovis de Faro
Diretor do Instituto de Desenvolvimento Educacional

Ricardo Spinelli de Carvalho
Diretor Executivo do FGV Management

Sylvia Constant Vergara
Coordenadora das Publicações FGV Management

Introdução

Podemos considerar que o planejamento estratégico, além de ser uma matéria importante na formação gerencial, é, em sua essência, a base ou a camada de sustentação de um negócio ou empresa. Basta imaginar que se uma nova oportunidade de negócio é identificada, antes mesmo de a empresa existir, um planejamento estratégico deverá ser elaborado. E, seja nessa nova empresa ou numa empresa existente, os objetivos estratégicos servirão de referência para todas as suas áreas, como marketing, operação, finanças, tecnologia da informação (TI) e recursos humanos (RH).

O pensamento estratégico é e sempre será aplicado por qualquer empreendedor, seja formal ou informalmente, em seu negócio. Tal afirmativa baseia-se em dois fatos. O primeiro é que qualquer um, seja um pequeno mercado da esquina ou a Gol Linhas Aéreas, pensou sobre o que venderia, para quem venderia, a que preço venderia, a que locais atenderia e de que estrutura operacional precisaria. Portanto, pensou uma estratégia. O segundo fato é que, se uma empresa existe, seus clientes formam uma imagem ou têm uma percepção definida sobre ela —

o que ocorre tanto com uma microempresa quanto com uma empresa do porte das Casas Bahia, por exemplo — e, ao criar essa imagem, são capazes de criticar ou elogiar o produto e o atendimento. Isso é suficiente para um gestor atento repensar o que deve ou não ser feito e ajustar os ideais estratégicos, ou seja, para aferir se a estratégia pensada está, de fato, sendo colocada em prática. Tais fatos independem de um processo formal de planejamento estratégico.

Nosso livro tem o objetivo de ajudar os atuais e futuros empreendedores e gestores a formular um planejamento estratégico formal, organizado e rastreável. Apresentamos conceitos básicos importantes e diversas ferramentas de análise ambiental que, no processo de discussão e de reuniões estratégicas, servirão como fomentadores de ideias, de observações, conclusões e decisões, as quais dificilmente seriam tomadas se o processo formal não fosse organizado. Desejamos que esse livro seja um facilitador na geração de ideias e discussões dentro da empresa, ajudando o surgimento e a visualização das novas oportunidades a serem aproveitadas e das antigas a serem abandonadas.

O livro está organizado em quatro capítulos.

O capítulo 1 inicia uma discussão sobre estratégia e eficiência operacional. É importante entender essa diferença, bem como o conceito de estratégia empresarial. Também fazemos uma breve descrição dos temas do livro e destacamos a importância da liderança em todo o processo estratégico, seja no planejamento ou na gestão.

Os capítulos 2 e 3 apresentam uma diversidade significativa de ferramentas de análise estratégica, todas baseadas e extraídas das fontes originais, ou seja, de livros escritos pelos autores de cada ferramenta. Fomos além de uma simples análise Swot, para que todo o negócio possa ser analisado e discutido por diversos ângulos e formas de enxergar um mesmo fato. Nosso objetivo é ajudá-lo, leitor, a enriquecer a geração de ideias, para que não restem dúvidas quanto às mudanças estratégicas necessárias ao seu negócio.

Ao final do processo de geração de ideias, observações e conclusões, o grupo gestor deverá ser capaz de definir um novo posicionamento ou visão e missão empresariais. Contudo, declarar essas conclusões em quadros postos nas paredes da empresa é muito pouco. O primeiro passo correto é definir as bases, ou os pilares de sustentação do novo posicionamento. Isso quer dizer que o grupo gerencial deverá ter claro e acordado quais são os objetivos de médio e longo prazos da empresa. Sem a definição desses objetivos estratégicos, o posicionamento, isto é, o desejo de alcançarmos, no futuro, melhores resultados para a organização de uma forma exclusiva e nova prestando um serviço ou vendendo um produto não passará de boas intenções. Apresentamos este assunto no início do capítulo 4 e, em seguida, sugerimos como transformar os objetivos estratégicos em ações práticas que farão a empresa mudar rumo ao futuro por meio da aplicação do *balanced scorecard* (BSC), metodologia de gestão focada na execução de objetivos estratégicos, levando em consideração as perspectivas do aprendizado e crescimento, financeira, dos processos internos e dos clientes, possibilitando o entendimento e a aplicação da estratégia até o chamado chão de fábrica.

1

Ambiente estratégico: contexto inicial

Este capítulo apresenta o ambiente estratégico por meio de um breve histórico. Organizado em abordagens e conceitos variáveis ao longo do tempo, permite a compreensão da situação atual das organizações e de ideias sobre seu futuro. A seguir, deixamos claro o que é e o que não é estratégia, esclarecendo a muitos gestores qual a diferença entre eficiência operacional e estratégia empresarial.

Por fim, apresentamos o posicionamento — conceito fundamental ao se estudar estratégia —, as importantes abordagens do planejamento estratégico, como e em que situações empregar as principais ferramentas estratégicas. Finalizando o capítulo, tratamos de como realizar o gerenciamento da estratégia por meio do *balanced scorecard*, ressaltando o papel preponderante dos líderes para o sucesso dessa tarefa e apresentamos a você, leitor, uma sugestão de metodologia para a implantação e gerenciamento do planejamento estratégico empregada por empresas dos mais diversos portes e segmentos, ao longo dos últimos 20 anos, com ótimos resultados.

Um breve histórico sobre estratégia

Durante décadas, várias tentativas criteriosas de definir o termo estratégia foram e continuam sendo elaboradas por acadêmicos, gestores e consultores. Contudo, consideramos mais interessante apresentar uma breve análise histórica das ideias e práticas estratégicas do que simplesmente apresentá-las, desconsiderando sua relação com os momentos históricos correspondentes.

A perspectiva histórica organiza as abordagens e definições mutáveis, permitindo que identifiquemos padrões naquilo que aparenta ser uma certa mistura caótica de ideias. Uma provável dependência do caminho sugere que a compreensão do que se passou em termos históricos facilitará o entendimento do momento em que vivemos e, provavelmente, das ideias para o futuro.

Até a segunda fase da Revolução Industrial, que começou na segunda metade do século XIX e só decolou no século XX (Ghemawat, 2000), o termo estratégia não estava associado aos negócios, mas sim ao conceito criado pelos gregos, de magistrado ou comandante/chefe militar. Podemos concluir, então, que até 1850 o termo estratégia foi associado apenas a interpretações militares, e mesmo na Revolução Industrial pouca importância teve para os negócios, tendo em vista que, apesar da concorrência da época, os mercados estavam em formação e a demanda era crescente. Nessa fase de maturação dos mercados pouco se pensou em estratégia associada aos negócios. A escassez de compreensão do funcionamento e das leis de mercado, também em formação, não demandava o conhecimento estratégico.

Entre 1850 e 1900, inicialmente nos Estados Unidos e posteriormente na Europa, uma série de fatos, como a construção de ferrovias e o acesso mais fácil ao capital e ao crédito, possibilitou a formação de mercados de massa, ou de economias de escala. Tais mercados incentivaram investimentos maciços, e a demanda por mudanças significativas nas empresas e nos mercados fez surgir a necessidade do conhecimento estratégico associado aos negócios. Aos poucos, as maiores empresas da época começaram a alterar o ambiente competitivo em seus mercados, fazendo com que, de uma forma ou de outra, todas as empresas tivessem que se interessar por estratégia, a fim de entender a melhor forma de se organizar e concorrer no novo mercado. Esse interesse pelo pensamento estratégico (ou a necessidade dele) foi articulado pela primeira vez pelos gerentes de alto nível das grandes empresas. Destaca-se, no período de 1865 a 1915, a criação da chamada "administração científica", de Frederick Taylor, cujas bases calcavam-se num modelo de tempos e movimentos, otimização de recursos e alta produtividade.

Historicamente, percebe-se que a II Guerra Mundial foi de essencial importância para o pensamento estratégico, tanto no âmbito empresarial quanto no militar, porque tornou decisiva a questão de alocação de recursos, nem sempre disponíveis com facilidade no momento necessário. Dessa forma, as questões de estratégia associaram-se diretamente ao planejamento de produção e otimização do uso dos recursos, tanto materiais quanto humanos, das empresas.

A simples análise histórica apresentada aqui mostra de que forma uma economia desordenada e sem conhecimentos de mercado transformou-se numa economia em que a otimização dos recursos, principalmente em grandes empresas, poderia mudar o próprio ambiente competitivo e moldar mercados. Mostra, acima de tudo, o poder e a responsabilidade que os gerentes empresariais, cargo esse que também surge dentro do contexto de mudanças, passam a ter e exercer sobre as questões estratégicas.

A segunda metade da Revolução Industrial viu surgir muitas escolas de administração de alto padrão, entre as quais podemos destacar Wharton School e Harvard Business School, que desenvolveram fundamentos que passaram a ser mais difundidos do final do século XIX até meados do século XX, com mais ênfase a partir de 1950, traçando de forma definitiva a relação entre universidade e empresas, no que tange ao desenvolvimento e à aplicação do conhecimento estratégico e gerencial.

Moysés Filho (2003:16) apresenta o modelo desenvolvido por Gluck, Kaufmann e Walleck (1980) para apresentar a evolução do pensamento estratégico. Segundo esse modelo, cinco formas de analisar e entender o pensamento estratégico podem ser identificadas entre 1950 e 1990:

❏ planejamento financeiro: foco no orçamento anual, no controle financeiro e na administração por resultados;
❏ planejamento de longo prazo: foco na projeção de tendências e cenários, considerando as vantagens da curva de experiência no longo prazo;
❏ planejamento estratégico: foco na análise de mudanças no ambiente, nos recursos internos, nas competências e na alocação de recursos;
❏ administração estratégica: foco na análise da estrutura dos mercados, nas estratégias genéricas e na cadeia de valor determinada a identificar a atratividade do mercado;
❏ gestão estratégica: foco na integração entre planejamento e controle, na organização estratégica e na coordenação de todos os recursos para os objetivos definidos com base na estratégia.

A cada evolução do pensamento estratégico, novas ferramentas de análise foram desenvolvidas e aplicadas por muitas empresas. Contudo, nenhuma delas será útil, isoladamente, no desenvolvimento de estratégias no século XXI como o foram na segunda metade do século XX. No entanto, é importante saber que, se aplicadas em conjunto, as principais ferramentas herdadas ao longo da história são extremamente adaptáveis e interessantes, pois darão aos gerentes, consultores e acadêmicos visões diferentes de uma determinada situação, enriquecendo a análise.

O que é e o que não é estratégia?

Nas últimas três décadas, a busca incessante do aumento da produtividade, da maior qualidade e do melhor uso do tempo fez com que uma enorme quantidade de ferramentas e técnicas dominasse o ambiente gerencial. Quem nunca ouviu falar ou nunca aplicou a gestão pela qualidade total, fez *benchmarking*, terceirizou, montou parcerias, executou a reengenharia de suas atividades internas e trabalhou a gestão da mudança? Pois é, essas ferramentas são bem conhecidas, mas é importante saber que, embora as melhorias operacionais resultantes da aplicação desses instrumentos tenham sido relevantes, muitas empresas se frustraram com a incapacidade de gerar lucros sustentáveis no longo prazo.

A raiz do problema está na incapacidade dos líderes e gerentes de distinguir eficiência operacional de estratégia empresarial. Ao longo deste livro mostraremos como pensar e criar uma posição estratégica, e também como gerenciar essa estratégia, ou seja, como coordenar de forma eficaz e com foco nas atividades operacionais da corporação e no bom uso das técnicas gerenciais. Com isso, será explorada a capacidade de unir de forma inteligente a estratégia e a eficiência das operações internas, gerando sustentabilidade no longo prazo para sua empresa.

Para entender melhor as metodologias estratégicas e gerenciais, contudo, é importante apresentarmos alguns conceitos básicos e a linha condutora do livro. Vamos em frente?

Falando um pouco mais sobre eficiência operacional

Para superar os concorrentes, as empresas precisam criar diferenças sustentáveis e perceptíveis aos olhos dos clientes. De forma simples e objetiva, podemos dizer que uma boa empresa deve apresentar ao mercado um maior valor agregado com o mesmo preço que o concorrente ou o mesmo valor agregado com um preço inferior. Assim, obtemos a fórmula para a rentabilidade sustentável, ou seja, fazer o cliente perceber que sua empresa oferece sempre o melhor, ao mesmo tempo que, por meio da eficiência gerencial das operações, seus preços permanecem compatíveis com os preços da concorrência.

Vamos nos aprofundar um pouco mais nas variáveis do resultado de uma empresa e, com isso, evoluir na discussão sobre eficiência operacional.

Podemos afirmar que o resultado financeiro, ou a margem de lucro, de uma empresa depende de seu volume de vendas, ou de sua receita, e dos custos da operação do negócio.

Ora, para vender bem, uma empresa precisa oferecer ao mercado produtos atraentes, com características e atributos interessantes, preços atrativos e uma boa comunicação com seu público-alvo. A comunicação pode ser traduzida como o marketing do produto, ou seja, a estratégia para levar ao cliente a informação de que o seu produto existe, é bom, compatível com o bolso do consumidor e pode ser encontrado facilmente nos pontos de venda. Quando nos referirmos a produtos, neste livro, estaremos sempre pensando em bens físicos e/ou serviços.

Para obter uma boa margem de lucro, essa empresa deve cuidar e controlar muito bem os seus custos, sejam eles variáveis, ou seja, custos que crescem proporcionalmente às vendas, ou fixos, que devem crescer muito lentamente se comparados aos custos variáveis.

Podemos concluir que, de uma forma geral, todas as empresas seguem um mesmo paradigma em busca do resultado, que se traduz em ter um produto atraente, com preço bem acessível e boa comunicação com o público-alvo, além de um ótimo controle e otimização dos custos de todas as operações internas. E, naturalmente, vender bastante! Veja como fica simples o entendimento deste paradigma quando transformado numa relação das variáveis citadas:

$$\boxed{\text{Resultado (R\$)} = f \text{ (atratividade, preço, comunicação, receita e custo)}} \Rightarrow \text{equação 1,}$$

onde **f** é uma função que relaciona as variáveis.

A atratividade de um produto depende da percepção e sensibilidade das pessoas da empresa, normalmente da área de vendas e marketing, em compreender as necessidades presentes e futuras do mercado consumidor e, com isso, definir soluções interessantes. Essa variável está associada à novidade ou ao pioneirismo, e é a variável estratégica da equação.

O preço, que é um fator essencial na decisão de compra, tem uma relação direta com a variável atratividade do produto. Se um produto é altamente atrativo, o cliente aceitará pagar mais caro; caso contrário, o preço possível de ser aceito pelo mercado será aquele mais próximo do custo.

A comunicação é outra variável que vai depender, num primeiro momento, da criatividade humana em buscar novos canais e criar mensagens inteligentes sobre o produto, a fim de chamar a atenção do consumidor e, em poucos segundos, provocar uma intenção de compra. Contudo, sem um bom produto e preço, a comunicação poderá ser inútil.

No final das contas, todas essas variáveis vão impactar o volume de vendas e, consequentemente, a receita da empresa. Sem receita não existe empresa, já que os custos fixos devoram a margem em pouquíssimo tempo. Com uma boa receita, os custos fixos se diluem, o poder de compra aumenta, reduzindo os custos variáveis, a verba para comunicação se fortalece, bons profissionais podem ser contratados, novos produtos desenvolvidos, e assim por diante.

Muitas pessoas confundem a importância e o papel das variáveis preço e custo dos produtos de uma empresa. Então vamos refletir sobre o custo, mas sem esquecer sua relação com o preço. A primeira relação direta entre essas variáveis, e que todos conhecemos, é que preço menos o custo é igual ao lucro. Poderíamos extrair outro ensinamento dessa relação? Pense num produto muito atraente, inovador e pioneiro. Para esse produto, o preço se distancia muito do custo, ou seja, há mais valor agregado e o lucro cresce, desde que os custos sejam bem cuidados e controlados, mantendo os gastos tão baixos quanto possível para garantir a qualidade daquele produto atraente. Agora vamos pensar em uma empresa cujo produto possui diversos concorrentes no mercado nacional e internacional e que, apesar de interessante ou até mesmo necessário, não é mais pioneiro ou inovador, como papel higiênico, caneta esferográfica, pilha, cerveja, telefone celular etc. Você já deve ter notado que, nesses casos, o preço praticamente cola no custo, certo? Podemos afirmar que, subtraindo o valor dos impostos da margem de lucro, o preço, nesses casos, é de 10 a 15% maior que o custo. Nessa situação, o cuidado e o controle do custo passam a ser cada vez mais rígidos, e é exatamente nesse momento que a estratégia é esquecida, dando lugar à eficiência operacional. Foi assim do século XIX até meados do século XX, mas muitas empresas ainda vivem sob esse modelo.

É essencial que os empresários notem que no momento em que a novidade ou pioneirismo de um produto se encerra, mesmo que continue atraente ou necessário ao mercado, a busca por otimização dos custos e eficiência operacional toma lugar, e isso não é estratégia.

Pense, por exemplo, no caso da Gol Linhas Aéreas, que entrou no mercado brasileiro num momento altamente conturbado, no qual grandes e tradicionais empresas passavam por situações de falência e dificuldades financeiras, e com um mercado comprador extremamente tímido. Era um cenário desanimador. A Gol deu certo porque, naquele momento, o seu paradigma estratégico era completamente diferente de todas as outras concorrentes. A Gol utilizou a equação 1, mas entendeu que a inteligência estratégica estava na forma de mexer com as variáveis, e não apenas na variável custo, e ela se tornou altamente atraente e possível, por focar seu modelo de negócio em uma camada da população que nunca tinha viajado de avião. Simplesmente genial!

Mesmo assim, muitos empresários não acreditaram no modelo Gol, porque pensavam com a cabeça do modelo vigente na época e acharam que a Gol estava em busca da eficiência operacional, puxada por guerra de preços, enquanto ela nasceu focada na eficiência operacional de forma estratégica, ou seja, pensando na capacidade de compra do novo público-alvo do setor aéreo. Ela inovou e foi pioneira num velho mercado, usando os fundamentos da estratégia e da gestão de forma exemplar.

É importante perceber que o constante aprimoramento da eficiência operacional é imprescindível para a melhor rentabilidade de qualquer negócio; entretanto, na maioria dos casos, não é o bastante.

Gradualmente, as empresas permitiram que a eficiência operacional fosse tomando espaço da estratégia, e o resultado é uma competição padronizada e com altas pressões sobre o preço e, consequentemente, sobre o custo, comprometendo dessa forma a sustentabilidade do lucro e do próprio negócio no longo prazo.

Falar de eficiência operacional é referir-se à melhora das práticas e dos procedimentos dentro da cadeia de valores, ou seja, a cadeia operacional, produtiva, de processos internos e externos das empresas. Quando nos referimos à estratégia, tratamos de decisões e ações que definem o posicionamento da empresa no mercado.

Posicionamento: um conceito essencial

Em conversas de negócio encontramos as mais diversas definições para o conceito de posicionamento, desde "aquilo que gostaríamos de ser" até "propaganda". Contudo, dentro do espectro de definições, verificamos que grande parte dos gestores pouco sabe, de fato, sobre a importância desse conceito, ou o define apenas como uma posição desejada e a ser conquistada pela empresa.

Após o trabalho de planejamento da estratégia, o grupo gestor deverá formalizar suas análises e tudo aquilo que projetou e deseja para sua empresa no futuro, o que, normalmente, inclui a conquista de um novo posicionamento, ou seja, uma forma diferente, exclusiva e nova de prestar um serviço, atender o cliente ou vender um produto. Esse é o conceito de posicionamento estratégico — saber para onde a empresa quer, pode ou imagina ir, atingir ou chegar. Importantíssimo! Contudo o empresário também precisa saber como a empresa é vista pelo mercado, para saber conduzi-la ao futuro estrategicamente planejado, à nova posição. Isso é o gerenciamento da estratégia, ou seja, conduzir a empresa de um ponto inicial ao posicionamento estrategicamente planejado.

A seguir veja, na figura 1, o fundamental papel dos líderes para que sejam bem realizados os processos dinâmicos do planejamento e da gestão da estratégia.

Figura 1
PROCESSO DINÂMICO DO PLANEJAMENTO E DA GESTÃO DA ESTRATÉGIA

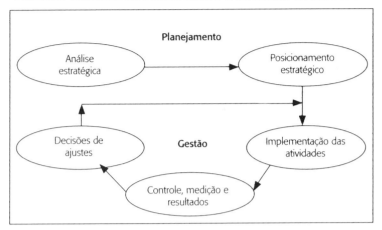

Dentro das empresas, podemos ter sonhos e fazer planejamentos, mas vivemos da realidade. Não há realidade mais útil, e muitas vezes até dura, para o processo gerencial do que aquela que reside na mente dos nossos clientes. Traduzindo, tudo aquilo que está na mente do nosso cliente a nosso respeito deve ser buscado e registrado, para que a empresa tenha um referencial de partida seguro. O cliente não mente e nem tem pena; por isso ouvi-lo é essencial para o processo de planejamento e gestão da estratégia. Se o cliente, de uma forma geral, julga sua empresa muito lenta e com baixa capacidade técnica para resolver os problemas, não tente se convencer, e convencer o cliente, do contrário. Este é um erro comum e grave entre muitos gestores. O cliente já criou uma imagem sobre a sua empresa. Se essa imagem for aquilo que você e seu grupo gestor planejaram, ótimo. Se não for, está na hora de novas ações para modificá-la na mente do cliente.

Certamente você pensou em usar a propaganda como uma das ferramentas para modificar a mente do cliente. De fato, é uma solução importante e útil, mas cuidado, porque existem várias outras formas consistentes de fortalecer a imagem. Pense, nesse momento, em quantas interações sua empresa terá na próxima hora com todo o mundo externo, seja o departamento financeiro cobrando ou pagando, seja o setor comercial prospectando, seja a logística entregando, a operação atuando ou o cliente interagindo com o produto ou serviço. É até difícil calcular quantas interações, certo? Mas todas elas vão, aos poucos, construindo na mente do cliente e da sociedade em geral uma imagem de sua empresa. Busque entender a mente do seu cliente e não faça propagandas dizendo que você é o que não é.

Após a compreensão do conceito de posicionamento estratégico e da forma como nossa empresa é, de fato, vista pelos clientes, fica mais fácil entender por que, muitas vezes, ser apenas eficiente operacionalmente não resolve ou melhora a competitividade.

Imagine o caso de uma livraria cujos sócios pretendem aumentar consideravelmente as vendas. Se esses sócios e seus gestores não entenderem que oferecer livros pela internet e montar uma estrutura logística para entrega dos produtos faz parte da nova competição, certamente eles buscarão ser eficientes em caminhos tradicionais. Será que vai funcionar? Na condição de cliente, que imagem você faria dessa livraria? Qual a chance de você comprar nessa livraria ou pela internet, nos dias de hoje? A estratégia de crescimento vai funcionar se essa livraria não fizer mudanças significativas em sua forma de atuar? Ela teria, de fato, uma estratégia?

Estratégia: o que fazer e o que não fazer (*trade-off*)

O cerne da estratégia competitiva é ser diferente, e isso significa escolher claramente quais atividades executar e de que forma elas serão diferenciadas das executadas pela concorrência, para proporcionar um *mix* de valor único na percepção do cliente.

Uma vez entendido o conceito de posicionamento e esclarecidas suas diferenças em relação à eficiência operacional, podemos criar uma definição simplificada para estratégia. Veja: *Estratégia é criar uma posição exclusiva e valiosa, envolvendo um diferente conjunto de atividades.*

Portanto, para ter uma estratégia, a empresa deverá ser capaz de definir um posicionamento exclusivo no mercado em que pretende atuar e entender que o conjunto das atividades que sustentam a estratégia definida criará, na mente do cliente, a percepção de valor, ou seja, de que sua empresa oferece produtos, serviços e soluções pelos quais vale a pena pagar. A imagem na mente do cliente dependerá de como essas atividades escolhidas serão executadas e de você escolher as atividades corretas. O objetivo é fazer com que o cliente forme uma imagem alinhada com o que a empresa planejou em sua estratégia.

Muitas vezes nós, gestores, nos deixamos levar ou somos levados a decidir pela manutenção de todas as atividades que já executamos no dia a dia, em lugar de buscar uma posição nova, exclusiva e valiosa para o cliente. Uns perguntam: por que abrir mão de uma determinada atividade que executamos há anos, se ela, pelo menos, paga o custo fixo? Outros pensam: por que não oferecer tudo aos meus clientes? Por exemplo, se já vendo um bom serviço técnico de manutenção de eletrodomésticos, por que não ampliar para manutenção geral da casa do meu cliente?

É importante notar que a manutenção de um ventilador é mais simples do que a de uma geladeira, que é mais simples do que a manutenção de um sistema de segurança integrado e automação predial, e assim por diante. O que é mais valioso para o cliente? Será que fazer tudo é uma estratégia inteligente? Pense também que os investimentos e prioridades deverão ser do tamanho do bolso de sua empresa. Dar um passo muito maior do que a perna não será uma grande ideia, e esse fato deverá estar muito claro para o grupo gestor. Se isso não acontece, sua empresa não tem estratégia e não controla seu posicionamento. Se der sorte, tiver crédito e caixa robusto, poderá até atirar no que viu e acertar no que não viu! Mas cuidado, não tome a sorte dos outros como uma estratégia para sua empresa.

Se você e sua equipe decidiram-se por uma estratégia, entenda que é importante definir, claramente, que atividades sustentarão o posicionamento estratégico e que atividades não deverão mais ser exercidas pela empresa (*trade-off*).

Citamos como exemplo o caso da Gol, que, até a publicação deste livro, não opera viagens para os Estados Unidos e Europa, pois suas atividades não são compatíveis com esse tipo de operação. Uma empresa aérea que trabalha com a estratégia de baixo custo não poderia inserir no seu negócio uma infraestrutura caríssima de suporte e operação de viagens de longa distância. Não se esqueça desse recado!

Estratégia: a importância da compatibilidade entre as atividades

Escolher as atividades corretas é, portanto, a primeira grande decisão após a definição do posicionamento da empresa. Contudo, não adianta apenas escolher as atividades certas. É preciso que elas sejam compatíveis entre si. A eficiência de cada atividade é muito importante, mas é preciso que, além disso, elas reforcem umas às outras, a ponto de termos o conjunto, e não só uma parte, alinhado e sustentando a estratégia.

O que queremos dizer é que se sua empresa investiu, por exemplo, na força de vendas, ampliando sua atuação geográfica e modernizando as ferramentas de transmissão de pedidos, a fábrica, a logística e o setor financeiro devem estar redimensionados para atender à nova demanda. Se isso não acontecer, o risco de frustrar diversos clientes será enorme e sua estratégia será abalada.

Agora, caro leitor, podemos ampliar a primeira definição de estratégia da seguinte forma:

Estratégia é criar uma posição exclusiva e valiosa, envolvendo um diferente conjunto de atividades da empresa, compatíveis entre si. Seu êxito depende do bom desempenho de muitas atividades e da integração entre elas. Se não houver compatibilidade entre as atividades, não existirá uma estratégia diferenciada e a sustentabilidade será mínima [Porter, 1999].

A partir do entendimento do que significam estratégia e posicionamento, os gestores serão capazes de elaborar o seguinte conjunto de conceitos, importantes no processo de realização e comunicação da estratégia da empresa:

❑ *missão*: descreve o motivo da existência da empresa, que soluções ela apresenta ao mercado e quem é esse mercado-alvo. É a razão de ser da organização, dá orientação e significado para sua criação e permanência no mercado; está conectada diretamente aos seus objetivos, tendo como características principais a perenidade e a sustentabilidade do negócio;

❑ *visão*: anuncia, com base no posicionamento estratégico, aonde a empresa pretende chegar, ou seja, que posição exclusiva e valiosa deverá alcançar no futuro, caso consiga compatibilizar as atividades internas com o posicionamento desejado e planejado pela direção. É onde se imagina que a empresa esteja no médio e longo prazos (cerca de cinco anos, pelo menos);

❑ *valores*: definem os princípios éticos e morais sob os quais deseja-se que as pessoas da empresa se comportem, ajam e decidam no exercício de suas responsabilidades, tendo como guias a missão e a visão do negócio.

A estratégia precisa estar alinhada à missão, à visão e aos valores da organização para que esta possa atingir os objetivos traçados. Para que isso seja exequível, todos os colaboradores precisam compreender estes conceitos, e não decorá-los para citá-los por ocasião de auditorias ou processos de certificação, meramente para a empresa cumprir o item exigido de mostrar que seus funcionários conhecem a missão, a visão e os valores, como acontece em boa parte das empresas, prejudicando, e por vezes inviabilizando, a implantação da estratégia e a obtenção dos objetivos estratégicos.

Às vezes, nos deparamos com uma situação bastante surpreendente e constrangedora: a maioria dos executivos da alta direção, presidentes e donos de empresas não respondem adequadamente às perguntas básicas sobre "missão" e "visão". Estas respostas deveriam ser dadas de forma bem natural e assertiva, mas tal não acontece; pelo contrário, são dadas com muita hesitação, demora e, quando encontradas, vemos que os resultados ficam muito distantes do que esperávamos.

À pergunta "Qual é a missão da sua organização?", ouvimos quase sempre as respostas: "Ganhar dinheiro" ou "Obter lucros". Ora, é lógico que uma empresa tem como finalidade gerar lucros, pois ninguém abre um negócio para ter prejuízos!

E à pergunta "Qual é a visão da sua organização?", aí é que as respostas são mais estapafúrdias, como: "A visão da empresa é ótima, pois está localizada no bairro comercial mais importante da cidade" ou "A visão da empresa tem melhorado continuamente, à medida que concluímos as reformas das instalações".

Como podemos ver, ainda precisamos caminhar bastante para que muitas organizações tenham bem elaboradas suas missões e visões de futuro. E o que verificamos, também, é que, numa boa parte das empresas que têm corretamente definidos esses conceitos, eles não são conhecidos ou compreendidos pelos clientes internos, e isso vai gerar o mesmo insucesso nos resultados. Se comprovamos esta triste situação com os gestores, leitor, você pode imaginar com o que nos deparamos quando se trata dos empregados que ocupam posições hierárquicas mais baixas na estrutura da empresa. Do chão de fábrica ao alto escalão, predominam o desconhecimento e o não entendimento destes dois itens fundamentais para o bom nascimento e crescimento sustentável de uma organização, seja de porte micro, médio ou grande.

Com certeza, a missão e a visão de futuro são os elementos mais importantes para se estabelecerem as estratégias que irão nortear as ações de uma empresa e também para possibilitar que seus colaboradores unam esforços no sentido de alcançar os resultados com mais eficiência, para diminuir custos e evitar desperdícios, já que não acolhem ações que não contribuam para os verdadeiros objetivos da empresa.

A missão é a razão da existência da organização, ou seja, quais as contribuições de suas atividades para a sociedade, ou, pelo menos, para aquelas pessoas que adquirirão seus produtos e serviços.

Quando nos referimos à visão, estamos falando das aspirações e sonhos da organização, de aonde ela quer chegar, da maneira como quer ser reconhecida no mercado ou na sociedade em que atua. A visão deve servir para impulsionar as esperanças das pessoas, em especial dos clientes internos e demais *stakeholders*[1] que estejam envolvidos com a organização.

Conforme dissemos, a missão e a visão irão dar uma direção, um caminho para a empresa planejar e executar suas ações, seus pensamentos, decisões, políticas e diretrizes.

Assim, é imperioso que, depois de definidas a missão e a visão, todos os funcionários da organização conheçam e en-

---

[1] *Stakeholders*: os envolvidos no negócio, os formadores de opinião ou a chamada massa crítica.

tendam a importância destes instrumentos para a consecução dos objetivos estratégicos, canalizando todos os recursos e esforços para eles.

Muitas empresas possuem suas missões e visões emolduradas nas paredes, em belíssimos quadros que, ao invés de estimular, desestimulam os seus trabalhadores, pois não têm nada a ver com as atividades que estão acontecendo e nem com os desejos e intenções destas organizações. As palavras ali expostas têm de ter sentido para os trabalhadores, pois, se assim não for, só representarão hieróglifos e não terão utilidade.

Quando os funcionários sabem responder às perguntas a seguir, temos pessoas que realmente poderão entender o contexto e a importância do seu trabalho:

❑ O que é a organização em que trabalha?
❑ Por que e para que ela existe?
❑ Qual o negócio dela?
❑ Para onde ela está seguindo?
❑ Quais são as principais aspirações da organização?

Segundo Peter Drucker (1973),

> definir a missão de uma empresa é difícil, doloroso e arriscado. Mas é só assim que se conseguem estabelecer políticas, desenvolver estratégias, concentrar recursos e começar a trabalhar. É só assim que uma empresa pode ser administrada, visando a um desempenho ótimo.

A importância dos valores para uma organização

As organizações definem seus valores para que eles sirvam como pilares éticos e morais para seus colaboradores e seus *stakeholders*, e representem-nas no mercado.

Eles aparecem por meio de suas práticas sustentáveis, dos perfis dos seus fundadores, dos fatos marcantes de seu passado, de suas conquistas, dos obstáculos enfrentados, de suas ações para atender às demandas diárias, de suas interações com a sociedade e clientes e outros fatores. É muito comum ouvirmos os gestores se dirigirem a seus funcionários e falarem: "Vamos lá, quero que vistam a 'camisa da empresa'. Só com o comprometimento de vocês alcançaremos os resultados".

Sabemos que ninguém motiva outras pessoas, pois a motivação é interna, mas sabemos também que compete aos líderes dar condições para que os funcionários se motivem e, para tanto, necessitamos, entre outras providências, de colocar em prática os valores e princípios da organização. Para que isso aconteça, caro leitor, nossa experiência indica que os líderes precisam se reunir e conversar com todos os trabalhadores, não importando sua função ou nível hierárquico, sobre os valores corporativos em vigor. Pergunte-lhes se o código de conduta ou de ética atende aos seus anseios, se acham que poderia ser acrescido outro valor ou retirado algum que nada tenha significado para eles.

Essa reflexão coletiva sobre o código de ética, sobre os valores e princípios corporativos irá colaborar de forma a trazer esses valores da teoria (do papel) para a prática.

Outra postura que poderá ajudar os gestores na implementação dos valores corporativos é fazerem e cumprirem o que exigem, avaliando se suas decisões são coerentes com os princípios éticos da corporação. Suas ações precisam estar alinhadas com o que dizem. É a partir do exemplo dos líderes que os valores corporativos são forjados, de maneira mais sólida, nos clientes internos e externos.

Um bom clima de trabalho começa pelo respeito que os trabalhadores têm por seus pares e subordinados. Uma atitude que soma para um bom clima organizacional é incentivá-los a informar quais são as maiores dificuldades para o cumprimento dos valores da empresa e quais as sugestões para atenuar ou extinguir essas dificuldades.

Na gestão de avaliação por desempenho, os gestores podem realizar comparações dos valores declarados pelos colaboradores em suas atividades com os comportamentos e resultados obtidos. Isso permitirá que sejam feitas correções nos critérios de avaliação de desempenho até que os mais importantes princípios para a empresa sejam relacionados.

Naturalmente, existem vários outros caminhos para se consolidar os valores corporativos, mas acreditamos que os relatados acima sejam os mais importantes e praticados no mundo empresarial atualmente.

Leitor, voltando à definição de estratégia (Porter, 1979), chegamos à seguinte conclusão: para que sua empresa tenha uma estratégia consistente, dois temas relevantes devem ser bem compreendidos e aplicados. O primeiro é saber planejar e o segundo saber gerenciar. Planejar para poder olhar para fora da empresa e entender o que será valorizado pelo cliente no futuro, definindo que atividades exclusivas deverão ser desenvolvidas para o mercado. E gerenciar para poder implementar, controlar, integrar, compatibilizar e ajustar essas atividades, dentro e fora da empresa.

Planejando a estratégia

Mesmo que de uma maneira não estruturada em um documento e não elaborado em reuniões formais, sua empresa deverá fazer um planejamento, para que você e o seu grupo gestor enxerguem e decidam por uma posição valiosa e exclusiva no mercado em que sua organização atua.

Entenda por planejamento qualquer reflexão, estudo ou análise que possa ser realizado no intuito de encontrar um posicionamento para o negócio que o torne interessante, atrativo e único no mercado.

Numa pequena empresa esse planejamento é feito sem a participação de outras pessoas, somente pelo sócio empreendedor, que abriu a empresa e coloca a "mão na massa". De qualquer forma, se ele desejar a sustentabilidade de sua empresa no longo prazo, deverá pensar e analisar situações, contextos, culturas e riscos. Acabará fazendo isso sozinho, muitas vezes em casa, numa conversa com clientes, num chope com os amigos e até mesmo dirigindo para o trabalho.

Numa grande empresa, a formalidade normalmente é necessária, a fim de que as discussões, ideias, análises, testes e relatórios possam ser organizados e distribuídos aos diversos participantes, como diretores, gerentes e funcionários de diferentes escalões.

Seja qual for o método ou o tamanho da equipe, um planejamento deverá ser feito. Assim, apresentamos como sugestão a metodologia consolidada no fluxograma da figura 2.

Observando o fluxograma apresentado, verificamos que, em primeiro lugar, precisamos fazer um diagnóstico da organização, levantando os dados de registro da empresa, ou seja, tudo que for importante, desde sua criação até a situação atual, como: razão social, tipo de atividade, tipo de estrutura organizacional, quantidade de empregados e de filiais, posição no mercado, faturamento, principais *stakeholders* (fornecedores, clientes, compradores, comunidades do entorno, parceiros).

Depois precisamos escrever a missão, especificar o negócio, elaborar a visão de futuro, relacionar os principais valores da organização, analisar os ambientes externo e interno utilizando ferramentas estratégicas e, em consequência dessas análises, estabelecer a estratégia, por meio da matriz Swot, da análise da concorrência e das forças competitivas de Porter, para alcançar os objetivos estratégicos, levando em conta as quatro perspectivas do BSC e todas as considerações feitas nas etapas anteriores, para, então, chegarmos à implementação do plano 5W2H.

Figura 2
ETAPAS DA METODOLOGIA DE PLANEJAMENTO
E GESTÃO DA ESTRATÉGIA

Apresentamos, neste livro, uma série de ferramentas que poderão ser utilizadas por você e sua equipe com o objetivo de fazê-los pensar e discutir sobre o mercado, sua empresa, os concorrentes e o futuro. Com essas ferramentas vocês poderão olhar uma determinada situação por ângulos diferentes e, com isso, gerar um volume considerável e consistente de conclusões e decisões sobre o posicionamento estratégico da empresa em que atuam.

A figura 3 mostra o resumo das ferramentas de análise estratégica propostas pelos autores. Se você e sua equipe tiverem tempo e disposição para utilizar todas as ferramentas, sugerimos que sigam a ordem apresentada na figura. Contudo, se preferirem, cada uma das ferramentas poderá ser utilizada de forma independente. A razão de sugerirmos que sigam a ordem é simples: a sequência proposta fortalece os resultados, já que discussões, conclusões e decisões serão sempre postas à prova na ferramenta seguinte.

Figura 3
FERRAMENTAS DE ANÁLISE ESTRATÉGICA

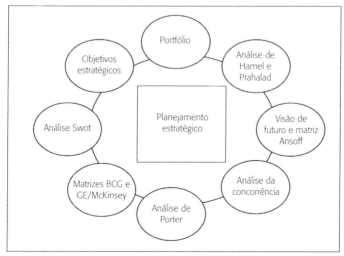

Outro ponto muito interessante, pouco discutido e sem registros contundentes está no fato de que é mais produtivo para a análise estratégica iniciar o estudo com os olhos voltados para o lado de fora de sua empresa do que para o de dentro. Isto quer dizer que o resultado será mais consistente se você dedicar um tempo maior, no início do trabalho de análise, para entender o mundo fora da empresa e depois avaliar o seu negócio sob o prisma do mundo externo. A sequência sugerida de aplicação das ferramentas leva esse fato em consideração.

Apresentamos a seguir, de forma resumida, cada ferramenta estratégica, mas nos capítulos 2 e 3 você poderá estudar cada uma mais detalhadamente.

Análise do portfólio

O primeiro passo é entender a segmentação dos mercados em que sua empresa atua e verificar quais de seus produtos atendem a quais segmentos. Cada produto × segmento terá uma estratégia específica.

Análise de Hammel e Prahalad

Nessa análise você e sua equipe deverão discutir quais são as competências gerais e centrais de sua empresa, ou seja, quais são os recursos, ativos e capacidades importantes para que ela produza algo diferenciado. Por outro lado, vocês também precisarão definir com clareza qual é o papel ou a função do seu produto, o que significa entender que tipo de problema o seu produto resolve. Essa análise poderá servir de subsídio para outras ferramentas de análise estratégica.

Visão de futuro

Não se trata de futurismo, certo? A palavra que melhor define essa ferramenta é pesquisa. Nessa etapa, sua equipe deverá estudar tendências da sociedade, da economia, do meio ambiente, dos comportamentos e de outros fatores, e os correspondentes impactos sobre seus clientes, suas necessidades e seus produtos. Essa análise parte de informações de tendências e evolui para extrapolações, suposições e para a visão de um futuro que nem mesmo o cliente ou o próprio grupo gestor poderia imaginar caso não estivesse planejando uma estratégia. É uma das etapas mais importantes e empolgantes do trabalho.

Matriz Ansoff

É uma matriz simples. Nela você utilizará as discussões e conclusões anteriores para definir se a empresa continuará atuando nos mesmos mercados com os mesmos produtos, em novos mercados com novos produtos, em mercados atuais com novos produtos ou com mesmos produtos em novos mercados.

Análise da concorrência

Etapa em que os principais concorrentes deverão ser selecionados e analisados pela mesma ótica da análise estratégica e operacional que você e sua equipe estarão fazendo sobre sua própria empresa. As informações e pesquisas desta etapa darão ótimas dicas de práticas de sucesso e de como evitar o fracasso.

Análise de Porter (cinco forças)

Porter (1986) é um dos principais nomes da atualidade sobre o tema estratégia. Ele criou essa análise interessante e não tão simples, que analisa cinco forças que agem sobre um setor com reflexos diretos sobre a rentabilidade da organização. São elas: o comprador, o fornecedor, a concorrência direta, a nova concorrência e os produtos substitutos àqueles produzidos por sua empresa.

Matriz BCG

Essa ferramenta clássica vai ajudar você a mapear cada produto de sua empresa no que diz respeito à fase de vida do produto, maturidade, posição em relação aos concorrentes e estratégia de lançamento de novos produtos. Todas as análises anteriores servirão de base para a composição e análise dessa matriz.

Matriz GE/McKinsey

Ferramenta utilizada durante anos pela General Eletric (GE). Compara o potencial e a capacidade que sua empresa tem de concorrer num determinado mercado com o grau de atratividade desse mercado. Dependendo do cruzamento dessas variáveis, os gestores poderão tomar decisões importantes quanto ao investimento em determinados produtos e mercados ou, pelo menos, entender o momento correto de abandonar o mercado ou o produto atual.

Análise Swot

Essa matriz é também conhecida como matriz Fofa, apesar de ser esta uma expressão menos utilizada. Consiste em analisar e cruzar as forças da empresa, as oportunidades do mercado, as fraquezas da empresa e as ameaças do mercado. É muito comum pequenas empresas utilizarem essa ferramenta no início da análise estratégica. Nós, contudo, consideramos que fazer a análise Swot no final do ciclo das análises estratégicas permitirá a você aproveitar, de forma muito mais eficiente, todas as informações discutidas anteriormente, evitando simplificações e erros de análise.

Ao completar o ciclo de análises, você e sua equipe gerencial terão informações suficientes e de qualidade para (re)definir o posicionamento estratégico de seu negócio e de seus produtos. Certamente, para alcançar o novo posicionamento, algumas mudanças significativas deverão ocorrer em sua empresa. Nesse momento, será importante definir os pilares dessa transformação, ou seja, os objetivos estratégicos de alto nível que servirão de base para todas as mudanças.

Gerenciando a estratégia

Tendo em vista o grau de fracasso na implementação das estratégias nas empresas, Kaplan e Norton (1997) decidiram, a partir de 1990, evoluir na pesquisa que identificaria as principais causas desses fracassos.

Eles identificaram quatro causas principais:

❏ estratégias não executáveis;
❏ estratégias não associadas às metas dos departamentos, equipes e pessoas;
❏ estratégias não associadas à alocação de recursos de longo e curto prazos;
❏ *feedback* tático e não estratégico.

Com base nessas quatro causas eles construíram, ou pelo menos reorganizaram, antigas ideias em uma nova metodologia de gestão, conhecida como *balanced scorecard* (BSC).

Os dados de entrada no BSC são os dados de saída do planejamento estratégico, ou seja, os objetivos de alto nível ou pilares do novo posicionamento da empresa.

Outro resultado importante dos estudos de Kaplan e Norton foi a constatação de que os objetivos estratégicos eram, na maioria das empresas, decompostos em quatro perspectivas. Vamos observar a equação 2, que descreve o resultado do ponto de vista estratégico, em que f_e é uma função estratégica que envolve preço, diferencial e promoção:

$$\text{Resultado (R\$)} = f_e \text{(preço, diferencial, promoção)} \quad \Rightarrow \quad \text{equação 2}$$

Se pesquisarmos nas empresas o que determina o preço final dos produtos, seus diferenciais reconhecidos pelo mercado e suas estratégias promocionais, encontraremos as fontes, os locais ou as perspectivas em que deveremos atuar, como gerentes, a fim de executarmos uma estratégia, ou seja, a fim de cumprirmos os objetivos estratégicos dentro dos prazos, metas e verbas predefinidos.

O preço pode ser entendido como uma variável que depende, estrategicamente, do posicionamento global da empresa e, de alguma forma, do custo. Quando o posicionamento da empresa é de alto valor agregado, a margem de lucro tende a ser mais alta, ou seja, o preço se distancia do custo; quando é um posicionamento de menor valor agregado, o preço tem maior dependência e proximidade em relação a custo. De qualquer forma, o custo está relacionado à qualidade das pessoas e dos processos envolvidos na entrega do produto ou do serviço.

A variável diferencial tem um relacionamento direto com o posicionamento planejado e com os atributos selecionados para atender a um segmento de mercado predefinido; portanto, tem uma relação direta com os processos que envolvem o cliente.

Da mesma forma, a variável promoção está relacionada à forma como a empresa irá se comunicar com o cliente, levando, de maneira clara e integrada, a oferta das empresas.

Desta forma, a equação antes apresentada poderá ser reescrita pela ótica da gestão:

> Resultado (R$) = g_e (pessoas, processos, clientes) ⇨ equação 3,

onde g_e é a função gestão estratégica das variáveis apresentadas.

A explicação mais detalhada da origem e dos efeitos da equação 3 será vista no capítulo 4 (Gerenciando a estratégia). Contudo, essa nova forma de relacionar as variáveis preço, diferencial e promoção nos mostra que, no final das contas, o resultado financeiro de uma empresa depende da gestão de pessoas e do ambiente de trabalho, da observação e melhoria dos processos internos. Isso quer dizer: o resultado depende das atividades e de sua compatibilidade interna e externa, dos recursos e de sua utilização na geração de diferenciais para a empresa e, por fim, da gestão dos clientes atuais e potenciais, entendendo suas necessidades e o modo como enxergam sua empresa.

Essa conclusão mais contemporânea corrobora e nos remete, mais uma vez, à definição de estratégia apresentada por Michael Porter:

> Estratégia é criar uma posição exclusiva e valiosa, envolvendo um diferente conjunto de atividades da empresa, compatíveis entre si. Seu êxito depende do bom desempenho de muitas atividades e da integração entre elas. Se não houver compatibilidade entre as atividades, não existirá uma estratégia diferenciada e a sustentabilidade será mínima [Porter, 1999:73].

No capítulo 4 detalharemos como o *balanced scorecard* funciona e tem ajudado gestores de todo o mundo a montar um plano de gestão da estratégia realmente eficiente.

Vejamos, agora, o importante papel do líder na elaboração e no gerenciamento da estratégia de uma empresa.

O papel da liderança no planejamento e na gestão da estratégia

A necessidade de uma estratégia surge da percepção de que a empresa pode estar perdendo oportunidades ou de que novas oportunidades estão surgindo no cenário de negócios e devem ser aproveitadas. Para que uma estratégia seja efetivamente construída e gerenciada, a empresa precisa de um líder que tenha essa percepção. Sem esse líder, e sem o interesse por entender as mudanças do meio externo, os empregados de sua empresa nunca poderão se sentir motivados a construir uma estratégia, fazer mudanças e movimentar o negócio para um futuro sustentável.

Se o líder de sua empresa considerar que o negócio atingiu o nível máximo de competitividade, estando ele certo ou errado, ou até mesmo se estiver satisfeito com a atual posição da empresa, mesmo não sendo a mais competitiva ou diferenciada, não haverá justificativa para uma estratégia, correto? Se não há para onde ir ou se reposicionar, não há por que elaborar um plano estratégico. Talvez seja por isso que muitas empresas, atingindo ou não o seu ápice, acabam falindo.

Se pudéssemos definir uma única função para o líder principal de uma empresa, seja ele gerente-geral, superintendente ou presidente, essa seria a de criar, cuidar, divulgar e gerenciar a estratégia, mostrando aos outros níveis gerenciais e funcionários quais são as prioridades, atividades, compatibilidades e planos de sustentação da empresa, do curto ao longo prazo.

Sem essa liderança, a tendência será relaxar sobre a manutenção das atividades atuais.

Portanto, lembre-se: é essencial acreditar na importância de manter os olhos sempre atentos ao mundo externo, aos acontecimentos globais importantes, às novas invenções, às tendências de comportamento social, às questões ecológicas etc.

Entender o mundo lá fora e olhar para o seu negócio identificando a hora certa de mudar aquilo que já se faz há anos, além de saber coordenar as mudanças internas para levar a empresa a uma nova e reconhecida posição, é o papel de um líder. Sem ele sua empresa estará à deriva!

Neste capítulo apresentamos um breve histórico das ideias e práticas estratégicas, organizando as abordagens e definições mutáveis, possibilitando o entendimento do momento atual e das ideias para o futuro. Esclarecemos a diferença entre eficiência operacional e estratégia empresarial. Vimos, também, conceitos básicos que lhe permitirão entender as metodologias estratégicas e gerenciais. Definimos, ainda, posicionamento, estratégia e o modo de planejá-la para que gestores possam decidir por uma posição exclusiva no mercado em que suas empresas atuam. Vimos como gerenciar a estratégia e o fundamental papel da liderança na sua realização.

Nos próximos dois capítulos, apresentaremos ferramentas de análise que possibilitarão a você, leitor, e a seu grupo gestor discutirem, de forma inteligente, profunda e diversificada, as oportunidades que o futuro lhes permitirá criar, traçando, dessa forma, um posicionamento estratégico interessante e competitivo para sua empresa.

2

Planejando a estratégia: de olho no futuro

O planejamento estratégico deve ser eficaz e gerar harmonia de ideias e ações para as organizações. As empresas necessitam de novos marcos para estabelecer a metodologia de análise estratégica mais adequada às suas necessidades. Esperamos que os capítulos 2 e 3 propiciem a você, leitor, o desenvolvimento de uma visão crítica e o conhecimento de ferramentas necessárias ao sucesso do esforço de planejamento estratégico de sua organização, por meio das análises de: portfólio, Hamel e Prahalad, visão de futuro, matriz Ansoff, concorrência, forças de Porter, matriz BCG, matrizes GE/McKinsey e Swot (Fofa). Cada ferramenta de análise apresentada neste livro possivelmente permitirá a você e ao grupo gestor gerar e discutir ideias, fazer análises e entender a empresa por prismas diferentes, enriquecendo, desta forma, o nível e o conteúdo das reuniões e decisões.

A estratégia e os objetivos serão vistos no capítulo 4, no qual detalharemos como usar todas as ferramentas descritas neste capítulo, que possibilitarão definir o reposicionamento e os objetivos estratégicos que alicerçarão a montagem do plano de gestão da empresa.

Figura 4
FERRAMENTAS DE ANÁLISE ESTRATÉGICA

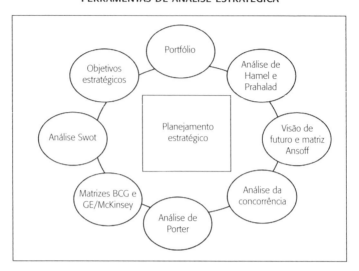

Vamos iniciar o estudo dessas ferramentas, mostradas na figura 4, pela análise de portfólio, uma das mais conhecidas e empregadas no mercado.

Análise de portfólio

A palavra portfólio origina-se do latim porta (*portare*), que significa carregar consigo, levar, conduzir, e fólio, forma reduzida de in-fólio, livro comercial numerado por folhas, número que indica a paginação de uma publicação impressa (Cunha, 1982). O uso do portfólio foi iniciado no campo das artes, no qual arquitetos, desenhistas e outros profissionais selecionavam e seriavam mostras em um suporte físico (portfólio), para que o destinatário (cliente, dono de galeria, examinador) pudesse apreciar os momentos mais significativos e obter uma visão global de seu percurso (Hernández, 1998).

Esta análise de produtos (portfólio) frente aos competidores requer que a empresa saiba com precisão os benefícios e as características de seus produtos e serviços para compará-los, divulgá-los e promovê-los com segurança e credibilidade para o seu público-alvo.

Caro leitor, para que possa decidir com correção em que segmento de mercado atuar adequadamente, você tem de pesquisar o mercado e o público que quer atender. As matrizes de produtos e mercados que se seguem poderão ajudá-lo a definir o posicionamento da sua empresa.

❏ *Matriz concentração única* — empresa atuando no mercado M1 e produto P2. Observe a figura 5.

Figura 5
CONCENTRAÇÃO ÚNICA

Fonte: Adaptado de Kotler (2006:259).

❏ *Matriz especialização seletiva* — empresa atuando nos mercado M1 e produto P2, mercado M2 e produto P3, mercado M3 e produto P1. Veja a figura 6.

Fonte: Adaptado de Kotler (2006:259).

❏ *Matriz especialização de mercado* — empresa atuando no mercado M3 com os produtos P1, P2 e P3. Veja a figura 7.

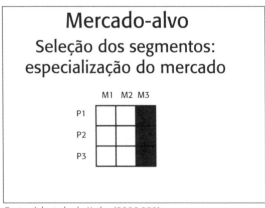

Fonte: Adaptado de Kotler (2006:259).

❏ *Matriz especialização de produto* — empresa atuando com o produto P2 nos mercados M1, M2 e M3. Veja a figura 8.

Figura 8
ESPECIALIZAÇÃO DE PRODUTO

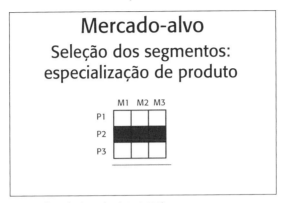

Fonte: Adaptado de Kotler (2006:259).

❑ *Matriz cobertura ampla* — empresa atuando nos três mercados M1, M2 e M3 e com os três produtos P1, P2 e P3. Veja a figura 9.

Figura 9
COBERTURA AMPLA

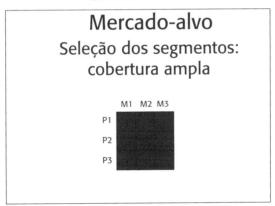

Fonte: Adaptado de Kotler (2006:259).

Outro fator muito importante é o conhecimento da cesta de produtos dos concorrentes, que leva em conta assistência técnica, preço, eficiência, qualidade, formas de uso e outras informações preciosas que norteiam as decisões.

A gestão de portfólio é um processo que ajuda as organizações na difícil tarefa de colocar em prática o plano estratégico, seguindo etapas de avaliação, priorização, seleção e acompanhamento dos projetos de maior impacto na consecução da estratégia. Utilizado desde o início de 2008, já passou por dois ciclos de melhoria contínua e foi desenvolvido segundo o padrão de gerenciamento de portfólio do Project Management Institute (PMI). A gestão de portfólio possui uma fase denominada alinhamento, na qual se utilizam indicadores para a seleção do melhor grupo de projetos, e outra fase denominada monitoramento e controle, na qual se acompanha a evolução do conjunto de projetos, com base em indicadores de eficiência e eficácia de gerenciamento.

Veja o exemplo da Syngenta, uma empresa de insumos agrícolas. A diretoria e a área comercial de revenda de insumos agrícolas descrevem e analisam seus produtos (portfólio), comparando-os com os da concorrência e demonstrando que são os mais técnicos e não têm restrições de uso, que os fungicidas são os melhores produtos e os herbicidas têm limitações e são utilizados com acompanhamento técnico. Este ponto forte da empresa no tratamento de sementes, emprego de fungicidas e inseticidas tem sido responsável pelo seu lugar de destaque no ramo.

> Atualmente, a Syngenta [é] uma das líderes em tratamento de sementes com o fungicida Maxim®xl, o inseticida Cruiser® com seu efeito bioativador, e o Avicta® completo, o único tratamento de sementes que oferece proteção integrada contra nematoides, pragas e doenças [Portal Syngenta].[2]

---

[2] Disponível em <www.syngenta.com/country/br/pt/produtosemarcas/protecao-de-cultivos/Pages/tratamento-de-sementes.aspx>. Acesso em: 15 jul. 2010.

Boa administração e competência dos gestores de uma empresa são fundamentais, mas não são suficientes para assegurar o sucesso de seus empreendimentos. Além disso, é preciso uma eficaz divulgação da marca. O livro *Estratégia de portfólio de marcas*, de David A. Akker (2007), explica, de forma concisa e holística, a importância do portfólio de marcas para viabilizar uma estratégia de negócios.

Esta estratégia deve ser empregada quando queremos criar táticas objetivas e coesas para desenvolver uma marca de liderança. Para que ela tenha êxito ao ser empregada, é necessário um ótimo trabalho de construção e gerenciamento da marca junto ao mercado, identificando progresso nas transações e melhorias dos produtos.

Quando os avanços são significativos, a escolha pode ficar entre dar uma marca a um produto com características especiais e diferenciadas, criar uma nova geração de produtos ou criar uma marca completamente nova. Porém, quando as melhorias forem menores ou envolverem correções de erros cometidos, não é adequado e nem vale a pena assinalar uma mudança, tal como exposto por Aaker (2007).

O mesmo autor cita como exemplo a Intel. Com uma campanha de marketing conduzida pelo lendário Dennis Carter, a empresa conseguiu aumentar suas vendas, além de obter o retorno das ações empregadas. Outros exemplos são citados, focados no sucesso de grandes empresas, como a Disney, Microsoft, Sony, Dove, Unilever, entre outras.

As empresas devem se preocupar e dedicar mais atenção às estratégias de portfólio de marcas, porque elas possibilitam a estrutura e a disciplina necessárias para o desenvolvimento de táticas empresariais bem-sucedidas. Quando uma estratégia de portfólio de marcas se torna confusa e incoerente para o consumidor, poderá prejudicar, e até condenar, a estratégia da empresa (Aaker, 2007).

Quando vemos a marca Philco, imediatamente vêm à nossa mente os eletroeletrônicos, mas, recentemente, ela começou a entrar no setor de eletrodomésticos pelas mãos da Britânia. Aparelhos de micro-ondas, cafeteiras e até computadores já integram o portfólio da marca. Além disso, a marca, que era voltada às classes A e B, tem hoje produtos para as classes C e D. Com tantas alterações, é de se perguntar: esse reposicionamento dará certo? Caso o conceito da marca perca sentido para o consumidor, o risco de fracasso é enorme. A Britânia terá de ser hábil para consolidar o novo posicionamento, construindo uma ligação emocional com o seu público. Ela precisará não só de sua publicidade, mas fundamentalmente das ações da empresa, da qualidade de seus produtos e da coerência desse conjunto com a proposta da marca. A seguir, caro leitor, vamos ver como Hamel e Prahalad analisam o mercado e nos alertam para a importância de se conhecer e tratar bem os clientes.

Análise de Hamel e Prahalad

Levando-se em conta os cenários de acirrada competitividade, advindos da globalização, torna-se cada vez mais necessário que as empresas empreendam, em seu ambiente interno, sobretudo em sua arquitetura organizacional, mudanças que levem à flexibilidade e a novos formatos internos que contribuam para o incremento da competitividade, elementos de grande relevo na sobrevivência das organizações (Hamel e Prahalad, 1995).

Hamel e Prahalad nos alertam para o cuidado da organização no momento de entender e satisfazer as necessidades dos clientes. Para eles, os clientes não têm conhecimento necessário para identificar aquilo de que realmente necessitam. Esta condição aumenta a responsabilidade das organizações, que é não somente atender as necessidades de seus clientes, mas identificá-las antecipadamente.

Segundo eles, existem três tipos de empresas:

❏ as que tentam levar os clientes para onde eles não querem ir;
❏ as que escutam os seus clientes e respondem às suas necessidades identificadas;
❏ as empresas que levam os clientes — ainda que estes não saibam — para onde eles querem ir.

Explicando: alguns clientes querem ir numa direção, mas não sabem qual o caminho; Alguns clientes querem uma ferramenta de tecnologia da informação mais rápida e prática para atender às suas necessidades, mas não sabem exatamente que ferramenta seria essa. Steve Jobs foi um mestre em atender necessidades de clientes que nem sabiam o que queriam precisamente.

O primeiro tipo de empresa está na contramão do mercado e dos interesses de seus clientes. Já as empresas do segundo tipo são as que se mantêm no mercado, mas as necessidades de seus clientes estão sendo atendidas por concorrentes. Considerando o terceiro tipo de empresa, é importante ressaltar que não basta somente satisfazer as necessidades dos clientes; é necessário surpreendê-los constantemente.

Conforme a visão de Hamel e Prahalad (1995), em vez de as organizações perguntarem aos clientes quais os produtos e serviços que eles desejam, devem identificar quais são as necessidades e desejos não atendidos.

Porém, leitor, identificar as necessidades e desejos dos clientes não é tarefa fácil. É preciso distinguir entre a necessidade declarada e a necessidade real. As necessidades declaradas são as expressas pelos clientes, de modo escrito ou oral, quando são questionados. As necessidades declaradas demonstram as particularidades dos clientes, gerando informações inconsistentes. As necessidades reais precisam ser percebidas pelas organizações e representam verdadeiramente o que os clientes desejam no dia a dia. Nem sempre são expressas por eles, o que dificulta a percepção e o entendimento.

Para Juran (1993), as necessidades reais dos clientes são relativas aos serviços que os bens podem prestar. Os clientes declaram suas necessidades segundo seus pontos de vista e sua linguagem (Juran, 1992), e podem também fazê-lo em termos dos bens que almejam adquirir. Entretanto, expressam suas necessidades reais por meio dos serviços prestados por esses bens, como podemos ver no quadro 1.

Quadro 1
NECESSIDADES DECLARADAS E REAIS DOS CLIENTES

Necessidades declaradas	Necessidades reais
Alimentação	Nutrição, prazer, sabor agradável, satisfação
Veículos automotivos	Transporte, *status*
Televisor	Informações, qualidade de imagem, entretenimento, diversão, tecnologia

Fonte: Adaptado de Juran (1992).

Lembre-se, leitor, de que a dificuldade apresentada pelos clientes para identificar produtos ou serviços que atendam às suas necessidades deve ser investigada. É preciso orientar e aprender com eles quais são suas reais necessidades e buscar a melhor maneira de satisfazê-los; também é de grande utilidade dimensionar o impacto do não atendimento delas.

Se por um lado o fato de não se ouvir os clientes pode trazer alguns resultados desastrosos para sua organização, por outro a má interpretação das informações adquiridas pode gerar o risco de se desenvolver produtos e serviços que não atendam às expectativas dos clientes.

Deve-se ter uma visão correta do negócio, investindo corretamente e aumentando a lucratividade. Veja o quadro 2.

Quadro 2
VISÕES DE NEGÓCIOS

Empresa	Visão deficiente	Visão atualizada
Petrobras	Combustível	Energia
Oi/Telemar	Telefonia	Transporte de informações
Kopenhagen	Chocolates	Presentes
Xerox	Copiadoras	Documentação

Fonte: Adaptado de Juran (1992).

Hamel e Prahalad (1995) questionam a visão clássica de concorrência e sugerem a substituição do planejamento estratégico pela arquitetura estratégica.

Para eles, a arquitetura estratégica não é um plano detalhado, e sim uma visão geral, uma agenda ampla para aplicar novas funcionalidades, alavancar as competências existentes e adquirir novas, reestruturando a comunicação com o cliente.

No livro *Competindo pelo futuro*, os autores alertam que os gerentes devem sair das monótonas rotinas da reengenharia e desenvolver a capacidade de prever o futuro, com o propósito de moldar a sua evolução de forma proativa, definindo uma intenção estratégica ampla para conduzir a organização nessa busca, descobrindo maneiras de alavancar recursos e estender as fronteiras da imaginação corporativa, revitalizando a maneira de criar novos negócios.

Conforme os estudos de Hamel e Prahalad (1995), podemos entender como as competências essenciais são a fonte geradora de desenvolvimento de novos negócios, pois, para estes autores, elas devem constituir o foco para a estratégia em nível corporativo. O foco da alta administração de uma organização deve ser desenvolver, em todos os seus trabalhadores — não só os da produção e aqueles que estão em contato direto com os clientes —, as habilidades e conhecimentos essenciais para que eles possam fabricar os produtos mais representativos para a organização, maximizando a sua eficiência e eficácia para alcançar seus objetivos estratégicos.

É importante enfatizar que, caso o cliente perceba que está sendo enganado, as novas tecnologias o tornarão o pior inimigo da empresa, já que, graças à internet, o logro poderá ser do conhecimento de milhares de pessoas em minutos. No relacionamento com o cliente, é fundamental que o funcionário pratique a empatia, colocando-se no lugar dele e buscando tratá-lo com respeito e dignidade — o que, infelizmente, ainda está longe de acontecer em um grande número de empresas.

Hamel e Prahalad nos convidam a mudar as lentes por meio das quais o mercado e a empresa são vistos. É preciso se perguntar:

❑ Quais são as necessidades atendidas pelo produto da minha empresa?

❑ Quais são as competências da minha empresa para gerar o produto vendido por ela?

De acordo com os autores, as unidades estratégicas de negócios devem estar alinhadas às competências essenciais (centrais) da organização para que elas, somadas aos benefícios ou necessidades atendidas, produzam serviços ou bens físicos que atendam às expectativas dos clientes. O leitor pode visualizá-las na figura 10.

Os autores citam três características fundamentais para identificarmos as competências essenciais (centrais) da empresa:

❑ uma competência central deve dar acesso potencial a uma ampla variedade de mercados;
❑ uma competência central deve dar uma contribuição significativa para os benefícios de que o cliente desfruta ao usar

o produto ou serviço. Ou seja, a competência é importante quando é um determinante significativo para a satisfação e benefício do cliente;
❏ uma competência central deve ser difícil de ser copiada pelos concorrentes.

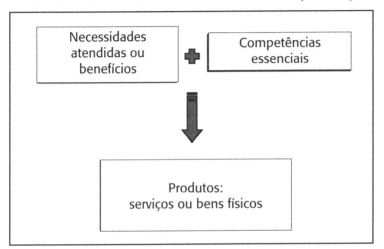

Figura 10
UNIDADES DE NEGÓCIO E COMPETÊNCIAS ESSENCIAIS (CENTRAIS)

Estas competências centrais irão possibilitar a execução de estratégias que permitirão a realização dos objetivos estratégicos da organização. Para isso elas devem estar alinhadas com o posicionamento escolhido pela direção da empresa.

A análise de Hamel e Prahalad pode nos auxiliar a compreender o posicionamento estratégico da empresa por meio da teoria *resource based view* (RBV), de Barney e Delwyn (2007), que em nosso idioma é a "visão baseada em recursos" (VBR). Ela pressupõe que o desempenho de uma organização pode ser entendido pela forma como são administrados e empregados os seus recursos. Como os recursos da empresa são seus ativos, processos internos, informações, conhecimentos e capacidades que possibilitam elaborar e adotar estratégias para o aprimoramento da sua eficiência e eficácia, esta análise pode ser uma ferramenta muito útil para compreendermos o posicionamento estratégico da nossa organização no mercado.

A seguir abordaremos os alicerces da previsão do futuro do setor, que irão permitir que você tenha uma percepção minuciosa do que seu negócio poderá ter.

Visão de futuro

A meta de competição pela previsão do futuro do setor é, de certa forma, simples. Basta criar a melhor base de premissas possível sobre o futuro e, assim, desenvolver a presciência necessária para moldar a evolução do setor. A competição pela previsão do futuro do setor é essencialmente uma competição pelo posicionamento da empresa como líder intelectual do direcionamento e transformação do setor.

A capacidade de previsão do futuro do setor ajuda os gerentes a responder a três perguntas críticas:

❑ Que novos tipos de benefícios devemos procurar oferecer aos clientes daqui a 5, 10 ou 15 anos?
❑ Que novas competências precisamos desenvolver ou adquirir para oferecer esses benefícios aos clientes?
❑ Como teremos que reconfigurar a comunicação e o trato com o cliente durante os próximos anos?

Se por um lado uma incrível capacidade de execução diante da falta de uma previsão do futuro do setor não basta para garantir o sucesso, por outro nada se realizará se toda a capacidade de previsão do mundo não estiver acompanhada pela capacidade de execução.

Criar uma previsão do futuro do setor e alcançar excelência operacional são tarefas igualmente desafiadoras. Muitas vezes, o que se descreve como as falhas de implementação de hoje são, realmente, falhas de previsão ontem.

A previsão do futuro do setor baseia-se em percepções profundas das tendências da tecnologia, demografia, regulamentação e estilos de vida, que podem ser utilizadas para reescrever as regras do setor e criar um novo espaço competitivo. Qualquer visão que não se baseie em fundamentos factuais sólidos, possivelmente será uma visão fantasiosa.

Em seguida, você verá como o conhecimento do mercado poderá lhe permitir identificar oportunidades futuras.

Desenvolvimento da previsão

Algumas equipes de gerência compreendem que, a não ser que ganhem primeiro a atual batalha pela liderança intelectual, provavelmente não vencerão a futura batalha pela liderança no mercado.

Para chegar ao futuro em primeiro lugar, a alta gerência precisa identificar e ser capaz de explorar as oportunidades não percebidas por outras empresas, em virtude do desenvolvimento antecipado e consistente de capacidades. Encontramos poucas equipes de gerência que dedicam à gestão de oportunidades tanto tempo quanto dedicam à gestão operacional.

A capacidade de combinar a imaginação empresarial, o acesso aos recursos em nível mundial e o compromisso da empresa com oportunidades que, em seus estágios nascentes, mal parecem válidas para atrair a atenção da alta gerência é essencial para a capacidade de criar o futuro. Veja, leitor, o exemplo da Nokia. Uma empresa que de 1856 a 1967 trabalhava com desenhos, borracha e cabos se transformou, em 1968, em uma nova corporação, tornando-se pioneira no mercado das comunicações móveis e fazendo desse negócio, a partir de 1992, o seu produto principal, com a conquista de expressiva parte deste mercado em todo o mundo.

Não são necessárias apenas equipes de projeto de ponta e intraempreendedores; é vital que existam gerentes que possam escapar das ortodoxias do atual perfil de muitas empresas conservadoras e sem visão do futuro.

Em seguida você conhecerá algumas ações que vão lhe possibilitar delinear uma imagem segura das tendências do seu setor.

Alicerces da previsão

Os indícios, os fracos sinais e as linhas de tendências que sugerem como o futuro será podem ser diferentes e podem ser observados por qualquer pessoa. Poucos dados críticos para o desenvolvimento de uma previsão do futuro do setor são propriedade de uma única empresa.

O desenvolvimento da previsão do futuro do setor exige mais do que um bom planejamento de cenários ou projeção da tecnologia. Na competição por tal previsão, a meta não é desenvolver planos de contingência em torno de alguns cenários mais prováveis. Normalmente, a criação e a projeção de cenários começam com o cenário atual e, em seguida, projetam no futuro o que pode acontecer. A luta pela previsão do futuro do setor frequentemente começa com um possível cenário futuro e, em seguida, retorna para definir o que precisa acontecer para que esse futuro se transforme em realidade.

A previsão do futuro do setor precisa ser fundamentada por uma percepção detalhada das tendências nos estilos de vida, na tecnologia, na demografia e na geopolítica, mas se baseia igualmente na imaginação e no prognóstico. Para criar o futuro, uma empresa precisa primeiramente desenvolver uma representação visual e verbal poderosa das suas possibilidades.

Embora potencialmente úteis, a previsão tecnológica, a pesquisa de mercado, o planejamento de cenários e a análise da concorrência não geram necessariamente previsões sobre o setor. Nenhuma dessas ferramentas impulsiona a alta gerência a repensar a corporação e os setores onde competem. Portanto, qual o segredo de uma noção ampliada das possibilidades futuras? A previsão do que poderá ocorrer no setor cresce a partir das atitudes citadas abaixo, que devem ser desenvolvidas em grupo, com o propósito de se traçar uma segura imagem do futuro:

❏ mude as lentes por meio das quais a corporação é vista (competências essenciais × unidades de negócios estratégicas);
❏ mude as lentes por meio das quais o mercado é visto (funcionalidades × produtos);
❏ amplie o ângulo dessas lentes (tornando-se mais inquisitivo);
❏ limpe a sujeira acumulada nas lentes (vendo com os olhos de uma criança);
❏ olhe por meio de várias lentes (ecletismo);
❏ desacredite o que realmente se vê (desafiando as convenções preço/desempenho, sendo do contra).

Depois de imaginar o futuro, a empresa precisa encontrar a estrada que leva do hoje ao amanhã. E a ferramenta que irá possibilitar que isso aconteça é a matriz de Ansoff, como veremos a seguir.

Matriz de Ansoff

A matriz de Ansoff nos possibilita avaliar e determinar a oportunidade de crescimento das unidades de negócio, deixando claro que as estratégias da empresa terão um impacto significativo nos planos de ação executados, mas que, quando bem estudados e bem elaborados, serão determinantes para o sucesso da organização. Veja a matriz no quadro 3.

Quadro 3
MATRIZ DE ANSOFF

	Produtos Existentes	Produtos Novos
Mercados Existentes	Penetração de mercado	Desenvolvimento de produtos
Mercados Novos	Desenvolvimento de mercado	Diversificação

Fonte: Adaptado de Kotler (2000:97).

A matriz de Ansoff tem duas dimensões — produtos e mercados —, podendo-se formar as quatro estratégias a seguir:

❑ *penetração de mercado*, em que a empresa busca a mudança de clientes ocasionais para clientes regulares, e de clientes regulares para usuários intensivos do produto, tendo em vista que a organização continua a atuar nos mesmos segmentos de mercado e com os mesmos produtos ou serviços, procurando aumentar o volume de vendas pelo aumento da cota de mercado e da frequência de utilização;

❑ *desenvolvimento de mercado*, em que a empresa se empenha em conquistar clientes da concorrência, introduzir produtos existentes em mercados externos ou introduzir novas marcas

no mercado, pois a organização procura servir a novos segmentos, mantendo os produtos ou serviços que oferecia;
❏ *desenvolvimento de produtos*, em que a empresa se concentra em vender outros produtos a clientes regulares, normalmente aumentando os canais de comunicação, devido ao fato de procurar desenvolver novos produtos e serviços ou aumentar a gama dos já existentes, mantendo os mesmos segmentos de mercado já atendidos;
❏ *diversificação*, que é a mais arriscada das estratégias. A empresa dá ênfase à comunicação, explicando por que está entrando em novos mercados com novos produtos, com o propósito de ganhar credibilidade, pois a organização vai criar produtos ou serviços para novos segmentos de mercado aproveitando sinergias tecnológicas e comerciais.

Um exemplo de visão do futuro ocorreu com os Laboratórios Bell, em 1947, quando inventaram o transistor, componente que substituiria a válvula de vácuo. É sabido que os fabricantes americanos tinham conhecimento desse fato, mas não deram importância; pensavam que a consolidação dele seria somente a partir de 1970. Em recente artigo publicado no site <www.jeronimos.com.br/index.php/artigos/historias-de-sucesso/73-akiomorita-e-a-sony>, Jerônimo Mendes conta que, em 1946, Masaru Ibuka e Akio Morita fundaram a Tokyo Tshushin Kyogu (TTK) — que mais tarde teve o nome mudado para Sony —"mediante um empréstimo de 530 dólares". A primeira grande visão de Akio Morita ocorreu em 1953, quando leu sobre o transistor nos jornais e decidiu viajar para os Estados Unidos com a intenção de adquirir uma licença de uso dos Laboratórios Bell, o que conseguiu por apenas US$ 25 mil. Dois anos depois, ele lançou o primeiro rádio transistor, o modelo TR-55, em quantidade limitada e com produção restrita ao Japão [...]. Três anos depois já dominava o mercado de rádios de baixo custo nos Estados Unidos, e cinco anos mais tarde os japoneses dominavam o mercado mundial de rádios transistorizados.

A segunda grande visão de Morita foi em 1958, quando "percebeu que o nome da empresa Tokyo Tshushin Kyogu seria um grande obstáculo para a conquista de novos mercados", e o mudou para Sony. Com o passar do tempo, a Sony fabricou vários produtos eletrônicos inovadores. "Na década de 1950, criou o rádio de bolso e o gravador [...]; na década de 1960, produziu a primeira televisão totalmente transistorizada do mundo e a primeira videocâmera".

Quando Morita, na década de 1980, tomou conhecimento de que as vendas do primeiro toca-fitas portátil fracassaram, "utilizou o fato como desculpa e mudou o nome do produto para *walkman* [...]. A partir de uma nova visão de negócio, a palavra *walkman* tornou-se sinônimo de qualidade e de praticidade".

> Apesar de não ter [Akio Morita] inventado o transistor, os japoneses fizeram dele o impulso para projetar o país no mundo da eletrônica. Entretanto, a maior contribuição de Akio Morita foi demonstrar aos empreendedores que uma visão de negócio é uma virtude extremamente importante para o sucesso de qualquer empreendimento. Quando o negócio estiver claro na mente, o sucesso será apenas uma questão de tempo [Mendes, 2010].

Pense nisso e tenha muito sucesso.

Continuando a estudar as ferramentas estratégicas, vamos ver uma das mais utilizadas no mercado, pois permite saber como atuam os concorrentes.

Análise da concorrência

Identificar mercados e o posicionamento de marcas na sociedade moderna torna-se um grande desafio para a empresa que busca a satisfação das necessidades dos clientes para a criação de um composto de *marketing* adequado a cada segmento.

Com o propósito de atingir uma ótima performance no mercado, a escolha de uma orientação estratégica depende, fundamentalmente, dos objetivos estratégicos associados ao produto, que possibilitarão a localização do grupo de pessoas a quem o produto possa ser direcionado e a transformação de tal público em consumidor ativo para aquela oferta de mercado.

Tão ou mais importante que as estratégias de marketing para conquistar clientes é o conhecimento da atuação da concorrência por meio da análise da concorrência, que visa a:

❏ conhecer seus concorrentes;
❏ analisar os pontos fortes e fracos dos concorrentes;
❏ descobrir as oportunidades e ameaças dos concorrentes;
❏ posicionar-se diante da concorrência.

Uma análise da concorrência permite a você identificar quem é sua própria organização e avaliar seus respectivos pontos fortes e fracos. Conhecendo as ações de seus concorrentes, você terá um melhor entendimento sobre que produtos ou serviços deverá oferecer; como poderá anunciá-los de maneira eficaz e como poderá posicionar sua empresa.

A análise da concorrência é um processo contínuo. Você deve sempre colher informações sobre seus concorrentes: olhar as páginas deles na internet, buscar literatura referente a seus produtos e experimentá-los, ver como eles se apresentam em eventos comerciais, ler sobre eles nas publicações comerciais do setor e conversar com seus clientes para saber como se sentem com relação a produtos ou serviços da concorrência.

Veja mais detalhadamente as etapas a seguir para saber melhor como analisar seus concorrentes.

Conhecendo seus concorrentes

Todas as empresas têm concorrentes, e você deve levar o tempo necessário para determinar quem seus clientes poderão abordar para obter um produto ou serviço que satisfaça a mesma necessidade que os seus. Mesmo que seu produto ou serviço seja realmente inovador, para completar esta tarefa você precisa observar o que mais seus clientes comprariam. Por exemplo, você pode abrir uma página na internet que oferece cursos técnicos de reparo de computador on-line. Seus concorrentes seriam formados por outras páginas de cursos de reparo de computador on-line, pelo colégio que oferece cursos técnicos na rua debaixo e por todas as empresas que estejam competindo pelos mesmos clientes nas atividades de ensino técnico.

Comece observando seus principais concorrentes. Estes são os líderes de mercado, as empresas que atualmente dominam o setor. São provavelmente aqueles nos quais você anda esbarrando em sua busca por novos clientes. Se você for jornaleiro, serão os outros jornaleiros de seu bairro. Se você for consultor em recursos humanos, serão os outros consultores com a mesma especialidade.

Depois, procure seus concorrentes secundários e indiretos. Estes são as empresas que podem não estar no mesmo nível que você, mas que almejam o mesmo mercado geral.

Finalmente, observe os concorrentes potenciais — empresas que se preparam para entrar no seu mercado e com as quais você precisa se preparar para concorrer. Por exemplo, se você tiver uma barraca independente de plantas e flores, precisará se preparar para concorrer com floriculturas, mesmo que elas ainda não tenham alcançado seu mercado.

Analisando os pontos fortes e fracos dos concorrentes

Depois de descobrir quem são seus concorrentes, identifique os pontos fortes e fracos deles. Por que os clientes compram deles? É o preço? O valor? O atendimento? A comodidade? A reputação? Focalize os pontos fortes e fracos percebidos. Isto porque a percepção do cliente pode ser realmente mais importante do que somente a observação dos acontecimentos do mercado.

É uma boa ideia fazer esta análise de pontos fortes e fracos em forma de quadro. Anote os nomes de cada um de seus concorrentes. Depois, disponha as colunas listando todas as categorias importantes para seu ramo de negócios (preço, valor, atendimento, localização, reputação, especialidade, conveniência, quadro de funcionários, publicidade/propaganda ou o que mais seja apropriado ao seu tipo de empresa). Uma vez montado esse quadro, classifique seus concorrentes e comente sobre a razão de tê-los classificado dessa forma. Você também pode dispor os pontos fortes em vermelho e os fracos em azul, de forma a poder distinguir num relance onde está cada concorrente.

Descobrindo as oportunidades e ameaças dos concorrentes

Os pontos fortes e fracos frequentemente são fatores que estão sob o controle de uma empresa. Mas quando você estiver observando seus concorrentes, precisará também analisar o quanto estão bem preparados para lidar com fatores fora de seu controle, que chamamos de oportunidades e ameaças.

Oportunidades e ameaças recaem em uma vasta gama de categorias. Podem ser desenvolvimentos tecnológicos, ação legal ou regulamentar, fatores econômicos ou até mesmo um possível concorrente novo. Por exemplo, uma loja de revelação de fotografias precisa saber o quanto seus concorrentes estão preparados para lidar com a fotografia digital. Ou uma empresa que vende pela internet deve analisar o quanto seus concorrentes estão preparados para lidar com questões de segurança em rede. Novamente, uma forma eficaz de fazer isto é criar uma tabela relacionando seus concorrentes e os fatores externos que causarão impacto em sua indústria. Você é capaz, então, de perceber como eles conseguem lidar com oportunidades e ameaças.

Posicionando-se diante da concorrência

Assim que descobrir quais são os pontos fortes e fracos de seus concorrentes, você deverá determinar onde posicionar sua empresa diante da concorrência. Uma parte disso pode parecer óbvia a partir dos resultados de sua análise, mas também vale a pena prestar muita atenção na forma como sua empresa trabalha.

Uma das maneiras mais eficazes de fazer isto é criar uma análise de pontos fortes/fracos, oportunidades/ameaças de sua própria empresa; depois a classifique nas mesmas categorias que classificou seus concorrentes. Isto proporcionará uma visão ainda mais nítida de onde sua empresa se encaixa no ambiente competitivo. Também o ajudará a determinar em que áreas você terá de melhorar e quais características deverá aproveitar para conquistar mais clientes.

Lembre-se de que o essencial é buscar formas de aperfeiçoar seus pontos fortes e de se aproveitar dos pontos fracos dos concorrentes. Para que você tenha uma visão do emprego dessa ferramenta, vamos ver uma análise simplificada.

Análise simplificada da concorrência

É importante descrever quem são os concorrentes no mercado, sejam diretos ou indiretos: quem são?

Elencar os três principais competidores que mais ameaçam ou dividem o mercado com a empresa: quem são os principais?

Analisar os competidores, procurando saber:

❑ suas estratégias em curso, isto é, o que cada concorrente está fazendo e pode fazer,
❑ seu perfil de resposta, ou seja, os prováveis movimentos ou mudanças que fará;
❑ suas metas e objetivos futuros, ou seja, o que orienta as ações dos concorrentes;
❑ seus pontos fortes, isto é, suas capacidades;
❑ suas hipóteses, ou seja, o que pode influir nas decisões dos concorrentes.

Este processo ajuda a encontrar e pressupor as diferenças comparativas, a força da imagem e a evolução da fatia do mercado (*market share*).

Veja, no quadro 4, um exemplo de análise de concorrência de uma revenda de insumos cujos concorrentes são: Agro Agri, Verdes Campos, Supra, Caril, Tirol, Planar e AGBeto. Analisaremos as potencialidades e vulnerabilidades dos três principais: Supra, Tirol e Planar.

Quadro 4
ANÁLISE DA CONCORRÊNCIA

Competidores	Potencialidades	Vulnerabilidades
Supra	Tradição Melhores preços Portfólio completo Assistência técnica Relacionamento com as consultorias Melhora no relacionamento Aumento de equipe	Sem foco na loja (produto) Equipe de vendas arrogante (estrelismo) Falta de assistência técnica

Continua

Competidores	Potencialidades	Vulnerabilidades
Tirol	Tradição Portfólio completo e bom Apresentação bonita Relacionamento com a consultoria da cidade Bom atendimento de balcão Agilidade de entrega	Assistência técnica Incompatibilidade com os produtores Dono intransigente Dono cada vez mais intransigente e autoritário
Planar	Tradição Logística Loja é muito bonita (aparência) Subsídio das multi para assistência técnica À frente na linha de algodão em relação aos concorrentes	Empurra produtos Estrelismo e arrogância da equipe de vendas Dono perdendo o foco da revenda Logística fraca Portfólio fraco (perdeu a Basf e a Monsanto) Trocas de equipes Trabalha com clientes inadimplentes

Fonte: Adaptado de Lobato et al. (2006:69).

Caro leitor, vimos, inicialmente, no capítulo 2 algumas ferramentas que auxiliam os gestores de uma empresa a elaborar uma discussão profunda e com óticas diferentes sobre a empresa, o futuro e os movimentos da concorrência. Convidamos você a conhecer, no próximo capítulo, as ferramentas que nos auxiliam em análises mais profundas sobre as forças do mercado e sobre a capacidade que sua empresa tem de vencer nesse ambiente. Aplicando as ferramentas deste e do próximo capítulo, o grupo gestor será capaz de reavaliar o posicionamento de seu negócio e definir as novas bases a partir das quais deseja concorrer nos anos seguintes.

3

Planejando a estratégia: oportunidades do mercado

Neste capítulo apresentaremos, de uma forma bem simples e prática, técnicas consagradas de análise estratégica. Você conhecerá (ou lembrará) as forças de Porter, que atuam por meio de várias formas e impactam a rentabilidade do negócio, e as matrizes BCG e GE/Mckinsey, que auxiliam em análises globais do negócio, bem como em análises por produto por segmento ou por concorrente. Tudo isso considerando as condições atuais e dinâmicas do mercado e a potencialidade da empresa em concorrer nesses ambientes. Decidimos colocar uma das análises mais difundidas em planejamento estratégico, a análise Swot, como a última ferramenta a ser apresentada. Consideramos que a matriz Swot ganha força e significado se soubermos fazer uso de todo o conhecimento, análises e decisões provocadas pelas ferramentas de análises anteriores. Montar a matriz Swot levando em consideração a visão de futuro, a análise da concorrência, as forças de Porter e as matrizes BCG e GE/Mackinsey certamente proporcionará a você, leitor, uma visão sólida de quais deverão ser as bases de seu posicionamento no futuro.

Análise de Porter

Para Michael Porter (1986), a essência da formulação de uma estratégia competitiva é relacionar uma empresa ao seu ambiente. A meta é encontrar uma posição no setor em que a empresa possa melhor defender-se das forças competitivas ou influenciá-las a seu favor. Assim, cada empresa que compete num setor pode definir uma estratégia competitiva.

O modelo desenvolvido por Porter (1986) apresenta uma metodologia analítica visando auxiliar a organização a:

❑ analisar o setor como um todo e prever sua evolução;
❑ conhecer a concorrência e sua própria posição no setor, para saber onde competir;
❑ formular uma estratégia competitiva para o ramo de negócios, ou seja, saber como competir.

Saber onde, como e quando competir são questões cruciais para a formulação da estratégia competitiva (Porter, 1986).

A análise externa da organização é a atividade de levantamento e avaliação dos principais fatores ambientais presentes que afetam a vida da empresa, sua provável evolução e a dos fatores novos que poderão ocorrer no futuro com impacto sobre as operações da organização. Podemos dizer que se tem pouco ou nenhum controle sobre esses fatores ambientais.

O primeiro fator de rentabilidade de uma empresa é a atratividade do mercado em que ela atua. Você deve compreender as regras de concorrência que determinam a atratividade, lidar com elas e até, em termos ideais, modificá-las em favor de sua empresa.

Estas regras estão englobadas em cinco forças competitivas: entrada de novos concorrentes, ameaça de substitutos, poder de negociação dos fornecedores, poder de negociação

76

dos compradores (clientes) e grau de rivalidade entre os concorrentes. Veja a figura 11.

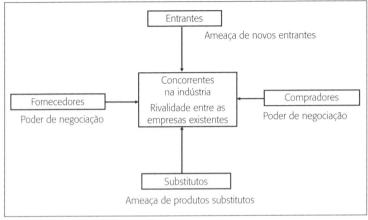

Figura 11
FORÇAS DE PORTER

Fonte: Adaptado de Porter (1986:23).

A entrada de novos concorrentes e os produtos substitutos colocam um limite nos preços, função da margem mais custo e, ao mesmo tempo, podem exigir novos investimentos para deter os entrantes. O poder dos fornecedores determina o custo da matéria-prima e de outros insumos, e a margem é função do preço menos o custo. O poder dos clientes (compradores) influencia os preços de mercado e os investimentos necessários, em função de mudança no padrão de qualidade exigido. A intensidade da concorrência influencia os preços a serem praticados e os custos de produção, tal como podemos observar na figura 12.

Segundo Porter (1986), a estrutura industrial tem mais influência sobre a rentabilidade de um negócio do que outros fatores, tais como a satisfação das necessidades dos clientes e as variações na oferta e na demanda.

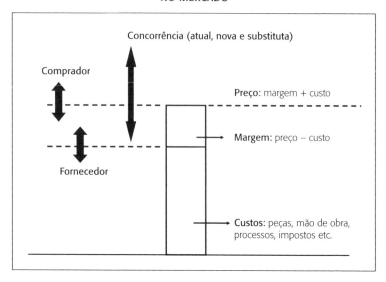

Figura 12
ATUAÇÃO DA CONCORRÊNCIA, COMPRADOR E FORNECEDOR NO MERCADO

A seguir, vamos ver como cada uma das forças de Porter (1990) influencia.

❑ *Fornecedores*

Têm alto poder de barganha? Para dar esta resposta você deve analisar os seguintes aspectos:
❑ custos de mudança;
❑ diferenciação de insumos;
❑ concentração de fornecedores;
❑ presença de insumos substitutos;
❑ importância do volume para os fornecedores;
❑ impacto dos insumos sobre o custo ou diferenciação;
❑ ameaça de integração para frente;
❑ custos em relação às compras totais do setor.

❑ *Compradores*
Têm alto poder de barganha? Para responder a esta pergunta o leitor deve verificar os aspectos a seguir:
  ❑ concentração de compradores;
  ❑ volume de compradores;
  ❑ custos de mudança;
  ❑ informação dos compradores;
  ❑ lucros dos compradores;
  ❑ produtos substitutos;
  ❑ capacidade de empurrar produtos;
  ❑ sensibilidade a preços;
  ❑ preço/compras totais;
  ❑ diferenças entre produtos;
  ❑ identidade da marca;
  ❑ capacidade de integrar para trás;
  ❑ impacto sobre qualidade/desempenho;
  ❑ incentivos dos tomadores de decisão.

❑ *Concorrentes atuais ou concorrentes na indústria*
Qual é o grau de rivalidade? Esta resposta você pode dar analisando os fatores a seguir:
  ❑ crescimento da indústria;
  ❑ concentração e equilíbrio;
  ❑ custos fixos/valor agregado;
  ❑ excesso de capacidade intermitente;
  ❑ diferenças entre produtos;
  ❑ identidade da marca;
  ❑ custos de mudança;
  ❑ complexidade informacional;
  ❑ diversidade de concorrentes;
  ❑ apostas corporativas;
  ❑ barreiras à saída.

❏ *Entrantes ou novos concorrentes*
As barreiras de entrada são altas? Você responderá a esta pergunta analisando os seguintes fatores:
  ❏ economias de escala;
  ❏ identidade da marca;
  ❏ requisitos de capital;
  ❏ diferenças entre produtos exclusivos;
  ❏ custos de mudança;
  ❏ acesso à distribuição;
  ❏ curva de aprendizado exclusiva;
  ❏ acesso aos insumos necessários;
  ❏ projeto de produto de baixo custo;
  ❏ política governamental;
  ❏ retaliação esperada.

❏ *Substitutos*
O grau de ameaça é alto? Esta resposta você dará ao analisar os fatores a seguir:
  ❏ desempenho relativo de preços dos concorrentes;
  ❏ custos de mudança;
  ❏ propensão do comprador para mudar.

O modelo de Porter tenta mostrar que a estrutura industrial, no longo prazo, afeta a rentabilidade do negócio devido à sua influência sobre o próprio equilíbrio da oferta e da procura.

Após a análise das forças competitivas da estrutura industrial, o leitor deverá optar por um posicionamento competitivo, e a partir desta decisão desenvolver uma estratégia para atingir os objetivos traçados para sua empresa.

Convidamos você, leitor, a conhecer a matriz BCG, uma ferramenta estratégica que pode empregar para analisar produtos ou unidades de negócio.

A matriz BCG (Boston Consulting Group)

Esta matriz é uma ferramenta gerencial de avaliação de portfólio desenvolvida por Bruce Henderson para o Boston Consulting Group em 1970, com o objetivo de servir de suporte à análise de produtos ou unidades de negócio com base no ciclo de vida dos produtos. Como observamos na figura 13, a matriz tem duas dimensões: no eixo vertical, crescimento do mercado; no horizontal, participação de mercado, ou seja, a participação da empresa em relação à participação de seu maior concorrente.

Figura 13
MATRIZ BCG DE PARTICIPAÇÃO DE MERCADO

Fonte: Adapatado de Kotler (2000:91).

Antes de estudarmos com mais detalhes a matriz BCG, vamos entender melhor o ciclo de vida dos produtos e o dos mercados, que têm relação direta com suas variáveis.

No desenvolvimento dos planos e estratégias das organizações, é necessário observar o ciclo de vida dos produtos e dos mercados. O mercado global, a nova forma de compra de produtos por meio da internet, a entrega de produtos adquiridos via telefone ou e-mail (*delivery*), a chegada de novos competidores, o acirramento da concorrência e um ambiente econômico em constante mudança deixam os produtos voláteis, mas não podemos esquecer que as empresas buscam ser perenes. Este cenário exige rapidez de decisão frente às reviravoltas do mercado, o que obriga à criação de soluções diferentes, inovadoras e que os competidores ainda não resolveram ou não conseguiram enxergar. Inovar e lançar novos produtos no momento propício é o grande desafio, é a chave do sucesso.

Ciclo de vida dos produtos

Observando a figura 14, você terá uma adequada visão deste ciclo.

Figura 14
CICLO DE VIDA DOS PRODUTOS

Desenvolvimento | Introdução | Crescimento | Maturidade | Declínio

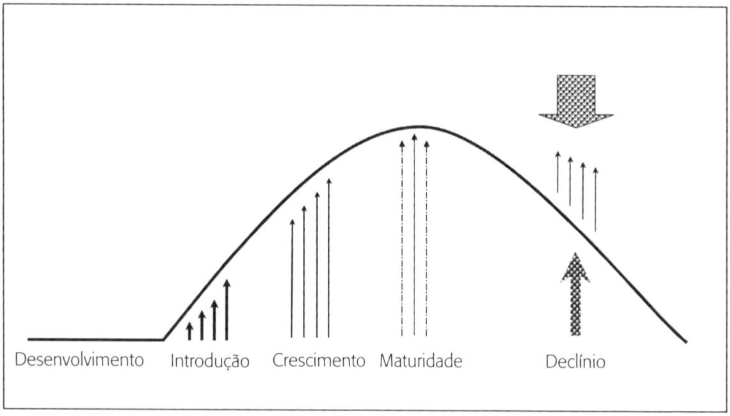

Fonte: Adaptado de Porter (1986:158).

Como os humanos, mercados, produtos, tecnologias, processos e marcas nascem, crescem e morrem. As etapas do ciclo de vida dos produtos, segundo Kotler (2000), são: introdução, crescimento, maturidade e declínio. Vejamos cada uma delas.

- ❏ *Estágio de introdução*: o crescimento é modesto e lento; a rentabilidade é mínima, na medida em que o produto começa a chegar aos clientes. O lançamento é crucial e precisa estar sustentado por informações e pesquisas de mercado. É necessário investimento em comunicação.
- ❏ *Estágio de crescimento*: o crescimento de vendas e o aumento do lucro são mais velozes. A empresa procura aprimorar seu produto, busca novas oportunidades no segmento, procura novos canais de distribuição e reduz lentamente seus preços.
- ❏ *Estágio de maturidade*: a evolução das vendas é lenta e a rentabilidade fica estável. A concorrência é acirrada. A empresa procura saídas criativas para tentar ampliar o aumento de vendas, incluindo modificação no mercado, no produto e no composto de marketing — os 4Ps (preço, produto, praça (distribuição) e promoção (comunicação)).
- ❏ *Estágio de declínio*: redução de vendas e de lucro. A saída é revitalizar os produtos, excluir os produtos de baixo desempenho e decidir pela continuidade ou não da linha. O procedimento é necessário para não comprometer o lucro, a imagem e a carteira de clientes.

A seguir, você, leitor, terá conhecimento dos estágios do ciclo de vida dos mercados.

Ciclo de vida dos mercados

Os mercados passam por um processo parecido e evoluem pelos estágios: surgimento ou introdução, crescimento, maturidade e declínio. Um novo mercado surge quando é criado um novo produto para atender às necessidades existentes e às não existentes, em mercados latentes. O sucesso de marketing depende da visualização criativa do potencial de evolução do mercado. Observe os estágios do ciclo de vida dos mercados na figura 15.

Figura 15
CICLO DE VIDA DOS MERCADOS: VENDAS E LUCRO

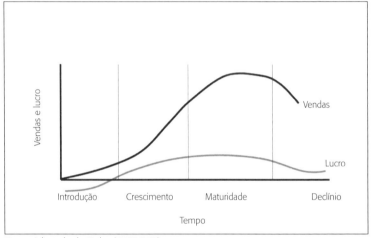

Fonte: Adaptado de Kotler (2003:251).

Critérios de avaliação

Existem vários critérios de avaliação, entre os quais destacam-se a rentabilidade financeira, a satisfação do cliente, a participação no mercado, o crescimento das vendas e a tecnologia. Em função da avaliação do portfólio, são sugeridas estratégias específicas para cada um dos produtos, de acordo com cada quadrante, como você pode observar na figura 16.

Figura 16
MATRIZ BCG DE ESTRATÉGIA

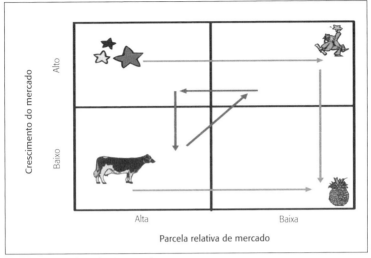

Fonte: Adaptado de Kotler (2000:91).

- *Ponto de interrogação ou palhaço*: neste quadrante estão os produtos/serviços que têm baixo retorno sobre os ativos e necessitam de altos investimentos para que a empresa consiga aumentar a sua parcela de participação no mercado e atender à alta demanda dos clientes, procurando colocá-los no quadrante das estrelas (seta interna, partindo do "palhaço" para a "estrela"). Por essa razão, contribuem muito pouco para o fluxo de caixa e, caso a organização não consiga alta participação no mercado, estes produtos se tornarão "abacaxis" (seta externa, partindo do "palhaço" para o "abacaxi").
- *Estrela*: aqui a empresa possui produtos que são destaques no mercado, mas que precisam de altos investimentos para gerar receita. Geralmente deixam o fluxo de caixa em equilíbrio. Deve-se manter a alta participação de mercado, aguardando a queda do crescimento ou estabilização do mercado, ocasião em que se tornam "vacas leiteiras" (seta interna, partindo da "estrela" para a "vaca"). Cuidados devem ser tomados

para que não se perca a alta participação no mercado destes produtos e eles se tornem "palhaços" (seta externa das "estrelas" para o "palhaço")

❏ *Vaca leiteira*: aqui estão os produtos que são responsáveis pelo lucro e geração de caixa para a empresa — são os sustentáculos da organização. Como podemos observar na figura 16, o mercado está estabilizado ou com crescimento baixo, exigindo poucos investimentos, porém precisa ser mantida essa alta parcela de participação relativa no mercado para não se cair no quadrante do "abacaxi" (seta externa, partindo da "vaca" para o "abacaxi"). Uma parte do fluxo de caixa deve ser destinada para financiar outros negócios, especialmente os do "palhaço", para que possam vir a se tornar "estrelas" e, posteriormente, "vacas leiteiras", garantindo assim o equilíbrio financeiro da empresa (setas internas, uma partindo da "vaca" para o "ponto de interrogação" ou "palhaço" e a outra partindo daí para a "estrela").

❏ *Abacaxi*: os produtos deste quadrante são considerados problemas para a organização pois, sobre o que é investido neles, não se obtém retorno; normalmente dão prejuízos e precisam ser evitados ou diminuídos. Algumas vezes, por necessidade de se manter a marca numa determinada região, para não se deixar alguns clientes sem o produto ou porque é chamariz para outros da empresa, somos obrigados a ter alguns produtos neste quadrante. No entanto, lembre-se, caro leitor, é melhor desistir do produto do que continuar tentando melhorar a participação da empresa num mercado em franco declínio.

Emprego da matriz BCG

Veja, a seguir, dois exemplos de emprego desta matriz. No primeiro caso, a matriz BCG foi aplicada numa empresa de manutenção, conforme podemos observar na figura 17.

Figura 17
APLICAÇÃO DA BCG EM UMA EMPRESA DE MANUTENÇÃO

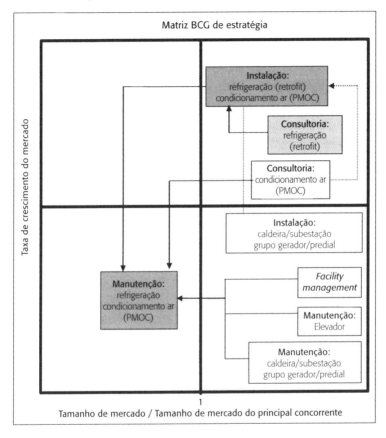

A matriz BCG acima reflete a estratégia desenvolvida pela empresa Cetest Rio (www.cetestrio.com.br) nos anos 2003/2004. A Cetest é uma empresa cuja fundação data de 1978, e que já nasceu grande. Oriunda de um grupo empresarial forte da década de 1970, que executava grandiosas obras de ar-condicionado central para edificações e indústrias, a Cetest foi criada para ser o braço responsável pelas manutenções das instalações realizadas em todo o Brasil. As filiais da Cetest iam do sul ao norte do país, sendo controladas pelo escritório central, em São Paulo.

Contudo, com o passar dos anos, cada filial tornou-se uma unidade empresarial independente, ou seja, com poder de decisão sobre o próprio rumo estratégico. A marca Cetest foi conservada por sua força e posicionamento, sendo acrescentado o nome do estado a cada unidade. Nossa matriz BCG trata da unidade do Rio de Janeiro, que há muitos anos tornou-se uma empresa totalmente independente e bem-sucedida.

Veja, caro leitor, como a matriz estratégica BCG da Cetest Rio é fiel à história ao sinalizar como "vaca leiteira" o serviço de manutenção dos sistemas de refrigeração e ar-condicionado. O principal negócio da Cetest Rio, nessa ocasião, era sua potente carteira de manutenção de sistemas de ar-condicionado, composta por empresas de porte, como Amil, jornal *O Globo*, Souza Cruz, Embratel, Citibank, muitos edifícios empresariais e empresas governamentais.

Na ocasião da análise estratégica, alguns pontos críticos foram identificados como essenciais para a montagem da estratégia empresarial da Cetest Rio:

❏ a criação de uma nova lei do Ministério da Saúde sobre qualidade do ar no interior de edificações, a ser fiscalizada pela Anvisa;
❏ a expiração do prazo de vida útil dos equipamentos de ar-condicionado de grande porte instalados nas décadas de 1960 e 1970;
❏ a assinatura dos protocolos de Kyoto e de Montreal, que versavam sobre a extinção mundial do uso dos gases tipo CFC, presentes em todos os sistema de ar-condicionado central;
❏ a tendência de unificação de todos os contratos de terceiros (limpeza, manutenção, segurança, incêndio, eletricidade, jardinagem etc.) em um único contrato, dentro das grandes edificações e indústrias, que eram e são os maiores contratantes do mercado.

Vamos voltar à matriz para entender como esses pontos críticos foram aplicados na matriz BCG.

Vejam que no quadrante "estrela", onde devemos localizar os produtos em lançamento ou as novas oportunidades identificadas como o futuro da empresa, estão as instalações focadas no retrofit, ou seja, na troca de equipamentos antigos por novos, e no PMOC (plano de manutenção, operação e controle), vale dizer, nas obras de adequação técnica e de projeto à nova portaria do Ministério da Saúde. As setas da matriz BCG da Cetest Rio indicam que o sucesso na captação de novas obras/instalações poderia acarretar o consequente crescimento da carteira de manutenção, a "vaca leiteira" da empresa. Interessante, não acha?

Agora, veja como é surpreendente a decisão estratégica da empresa de investir nos produtos plotados no quadrante considerado "abacaxis". Você consegue entender o que se passou na cabeça dos executivos da Cetest Rio? Essa decisão tem uma relação direta com o último ponto crítico da análise estratégica.

Grandes compradores, como a Embratel, o jornal *O Globo* e o Inca gerenciavam, na ocasião, mais de 15 empresas contratadas para cuidar e manter todas as instalações de seus prédios e indústrias. Em determinado momento esses compradores perceberam que poderiam ter menos preocupações e maior resultado caso contratassem apenas uma empresa terceirizada, ficando essa empresa como a única responsável por todos os serviços de manutenção e operação dos prédios e indústrias. Surge, então, nesse momento histórico do mercado, uma oportunidade para as empresas gerenciadoras de contratos de grande porte e uma ameaça para as pequenas empresas de manutenção, segurança, caldeiras, elevadores etc., já que entre elas e o contratante final passaria a existir um intermediário, e o risco de perder seus contratos e reduzir suas margens financeiras era iminente. Para piorar o quadro de negócios, não estavam ocorrendo novas construções no estado do Rio de Janeiro. Vejam que é por esse motivo que os serviços de *facility*, instalação e manutenção de caldeiras, grupos geradores, elevador e outros equipamentos eletromecânicos foram plotados no quadrante "abacaxi".

Mas, afinal, qual era a estratégia? Vejam que as setas apontam para a carteira de manutenção existente. Isso significa que o objetivo da Cetest Rio era fazer crescer a gama de serviços entre os próprios clientes de manutenção de ar-condicionado.

As possibilidades analisadas e plotadas na matriz BCG da Cetest Rio apontavam para um possível crescimento de receita na ordem de duas a três vezes em relação à receita da época. Sem uma análise estratégica não seria possível visualizar essas oportunidades num ambiente de negócios que se apresentava mais hostil do que amigável.

No segundo exemplo, a matriz BCG foi aplicada em uma empresa da área de ensino, como mostrado na figura 18.

Figura 18
APLICAÇÃO DA BCG EM UMA EMPRESA DE ENSINO

Matriz BCG	
Finanças aplicadas Secretárias Cenários econômicos	Vendas e MKT Negociação Atendimento Desenvolvimento gerencial
Fiscal Contabilidade Crédito e cobrança Matemática financeira	Derivativos e mercados de capitais

Vejamos, agora, esta outra matriz BCG, que descreve o portfólio da empresa LCM Treinamento Empresarial Ltda., fundada há mais de 20 anos. Essa matriz foi criada e analisada no ano de 2004, mas foi na década de 1970 que seu fundador, profissional formado e desenvolvido no ambiente financeiro de empresas e bancos, além de proprietário de uma escola de ensino fundamental, decidiu que viveria por conta própria, unindo suas competências: ensino e finanças. Nasce a LCM, com a filosofia de que treinar pessoas é uma arte. E dessa filosofia nasce o terceiro pilar que sustentaria com sucesso a empresa até hoje: a criatividade.

Posicionada, em sua origem, como um centro de ensino em finanças com uso da criatividade na transmissão do conhecimento, focada em grandes empresas e em cursos customizados no formato "sob medida", a LCM deslanchou no mercado, conquistando diversos clientes importantes por todo o Brasil, como distribuidoras de combustível, laboratórios farmacêuticos, universidades, empresas do setor de saúde etc.

Veja, na matriz BCG, como fica clara a história da empresa, ainda sustentada pelos cursos financeiros e econômicos (quadrante da "vaca leiteira"). Vale também observar que aparecem, nos quadrantes de crescimento de mercado (das "estrelinhas" e do "palhaço"), cursos não financeiros, respectivamente, secretárias, vendas e marketing, negociação, atendimento e desenvolvimento gerencial. Você consegue traduzir a estratégia traçada pela diretoria da LCM? Veja que novas linhas de treinamento foram criadas para aproveitar a crescente demanda por treinamentos empresariais, tanto na área de recursos humanos e comportamentais quanto na área de marketing e vendas. Em 2004 um planejamento estratégico específico foi desenvolvido para tornar mais claros os objetivos da LCM e, naquele ano, observou-se uma grande ameaça, mas que também poderia ser entendida como uma oportunidade: a internet e os cursos on-line. Como será que a LCM tratou esses desafios? Observando a matriz BCG da empresa, podemos até supor que seus desafios eram mesclar soluções de treinamentos presenciais e treinamentos on-line, manter os cursos financeiros como sua "vaca leiteira" e, ao mesmo tempo, alavancar novas linhas de treinamento em áreas diferentes da original. Estratégia e gerenciamento focado no planejado foram necessários para executar esse plano de longo prazo.

Veremos, a seguir, a matriz GE/Mckinsey, empregada para avaliar unidades de negócios e tomar decisões estratégicas.

A matriz GE/McKinsey

Esta matriz é muito empregada nas empresas para avaliar cada uma das suas unidades de negócios, principalmente quando o assunto é tomar decisões estratégicas, ou para avaliar o potencial de lucro e venda de cada uma das unidades de negócios existentes na empresa.

Nesta ferramenta do planejamento, os pontos fortes da organização irão contribuir decisivamente para a formação do seu melhor portfólio de negócios, auxiliando-a a conquistar mercados mais promissores.

A matriz GE/McKinsey permite à empresa tomar importantes decisões, como em que produtos/serviços não se deve mais investir, retirando-os do mercado, o montante de investimentos que se deve alocar para cada unidade de negócios e quais estratégias de crescimento empregar para novos produtos/serviços.

A matriz GE é considerada mais avançada que a BCG, segundo os seguintes argumentos:

❏ para avaliar a posição competitiva de cada unidade de negócio dispõe de fatores internos, ao invés da participação relativa de mercado; estes fatores são compostos por um número maior de itens do que somente a participação relativa, possibilitando uma visão mais ampla e completa para tomar as decisões estratégicas;

- possui um número maior de fatores, abordando a atratividade do mercado e não só o seu crescimento;
- a matriz BCG é formada por uma grade de dimensões 2 × 2, enquanto que a McKinsey tem uma grade de dimensões 3 × 3, sendo assim mais abrangente.

A atratividade do mercado pode ser influenciada por fatores externos como:

- possibilidades de agregação de valor aos produtos/serviços;
- oscilação da demanda;
- tipos e quantidades de mercado;
- logística e distribuição;
- possibilidades de desenvolvimento da tecnologia;
- dimensões do mercado;
- taxa de aumento do mercado;
- rentabilidade do mercado;
- variações de preço;
- grau de rivalidade entre os concorrentes;
- risco total do retorno dos investimentos no negócio; e
- barreiras para ingressar no setor.

A força competitiva da unidade de negócios pode ser influenciada pelos seguintes fatores internos:

- estrutura administrativa;
- estrutura de custos comparada à da concorrência;
- fidelidade dos clientes externos e internos;
- margem de lucratividade em relação à concorrência;
- quantidade de produtos patenteados;
- qualidade e quantidade dos ativos e competências;
- imagem da marca no mercado;
- participação relativa no mercado;
- índice de aumento da participação de mercado;

- possibilidade de conseguir créditos e financiamentos;
- supremacia em qualidade.

Ao se utilizar a matriz McKinsey, em primeiro lugar devem ser identificados pela organização os mais importantes fatores para a atratividade do negócio e os seus pontos de maior força. Esta tarefa é difícil de ser executada porque requer uma pesquisa detalhada em relação ao produto, aos clientes e ao seu desempenho na comercialização dos produtos.

É importante entendermos o termo unidade estratégica de negócio (UEN) ou unidade de negócio (UN), para que compreendamos o funcionamento da matriz GE/Mckinsey.

Segundo Aacker (2001), unidade estratégica de negócio ou unidade de negócio é uma unidade organizacional que deve ter uma estratégia de negócios definida e um gerente com responsabilidade de vendas e lucro. As unidades estratégicas de negócio (Uens) são uma forma de se organizar uma empresa diversificada de maneira que as partes individuais possam ser operadas como novas empresas independentes.

Schnaars (1991) explica que é uma maneira de organizar os negócios de modo que cada unidade venda uma variedade de produtos específicos para grupos de clientes com características peculiares. As Uens são administradas independentemente e têm seus objetivos próprios. Cada unidade gerencia seus recursos e custos para obter seus lucros; não há ingerência da matriz.

Como você pode observar na figura 19, de acordo com os níveis de atratividade do setor/mercado e com os níveis de potencialidade do negócio/empresa, as unidades de negócio são classificadas por grupos em: 1, 2 e 3. As do grupo 1 devem receber investimentos ou desenvolver estratégias de crescimento, incluindo novos produtos e negócios ao portfólio. As unidades de negócio do grupo 2 devem avaliar a situação e procurar ganhar seletivamente. E as unidades de negócio 3 devem colher seus resultados e retirar-se do mercado.

Figura 19
MATRIZ GE/MCKINSEY

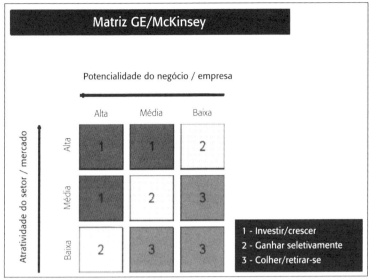

Fonte: Adaptado de Kotler (2000:93).

Em seguida, você verá como empregar a matriz Swot para conhecer seus concorrentes pela análise dos pontos fortes e fracos, oportunidades e ameaças.

Análise Swot ou Pfoa ou Fofa

Além das análises de mercados, a empresa deve envolver as equipes comerciais e do marketing, os responsáveis pela comunicação interna e o pessoal da linha de frente que, em consenso, podem analisar a concorrência com base nos pontos fortes e fracos, oportunidades e ameaças, utilizando, por exemplo, a matriz Swot.

Swot é a sigla de *strenghts* (forças), *weaknesses* (fraquezas), *opportunities* (oportunidades) e *threats* (ameaças). É, também, conhecida pelas siglas Pfoa (potencialidades, fragilidades (na empresa) e oportunidades e ameaças (fora da empresa)) ou Fofa (forças, oportunidades, fraquezas e ameaças).

A avaliação estratégica realizada a partir desta matriz é uma das ferramentas clássicas mais utilizadas no planejamento estratégico, principalmente pela facilidade de entendimento e aplicação. Esta análise relaciona as oportunidades e ameaças do ambiente externo com as forças e fraquezas do ambiente interno da organização. Várias características podem ser observadas na análise da matriz Swot de uma organização. Veja o exemplo genérico no quadro 5.

Quadro 5
FORÇAS/FRAQUEZAS E OPORTUNIDADES/AMEAÇAS

Forças	Fraquezas
❏ Competências básicas em áreas-chave ❏ Recursos financeiros adequados ❏ Liderança de mercado ❏ Acesso a economias de escala ❏ Competência em inovação de produtos ❏ Tecnologia patenteada ❏ Vanguarda na curva de experiência ❏ Vantagens de custo	❏ Falta de foco no negócio ❏ Instalações obsoletas ❏ Rede de distribuição limitada ❏ Falta de acesso a recursos financeiros ❏ Altos custos unitários ❏ Mão de obra despreparada ❏ Localização ruim
Oportunidades	Ameaças
❏ Mudanças de hábito do consumidor, preferindo nossos produtos ❏ Surgimento de novos mercados ❏ Possibilidade de a empresa adquirir subsidiárias que produzem componentes (*inputs*) dos seus produtos ❏ Queda das barreiras comerciais ❏ Desenvolvimento de novas tecnologias pela nossa empresa ❏ Mudanças nas regulamentações, diminuindo impostos ❏ Expansão do mercado	❏ Mudanças de hábito do consumidor, afastando-se de nossos produtos ❏ Entrada de novos concorrentes ❏ Aumento de vendas de produtos substitutos ❏ Aumento do poder de barganha do fornecedor e/ou comprador, pressionando nosso preço ❏ Desenvolvimento de novas tecnologias pelos concorrentes

Fonte: Thompson e Strickkland (2002:126).

Uma vez analisados esses itens ou quaisquer outros que sejam relevantes para a análise da organização, pode-se analisar a inter-relação de forças/fraquezas e oportunidades/ameaças. Com isso, estabelecem-se quatro zonas de classificação, que servem como indicadores da situação da organização. Veja no quadro 6.

Quadro 6
DIAGNÓSTICO SWOT

	Oportunidades	Ameaças
Forças	1. Capacidade de ação ofensiva	2. Capacidade defensiva
Fraquezas	3. Debilidades	4. Vulnerabilidades

Fonte: Lobato et al. (2006:69).

Concluída a análise estratégica, percebe-se como o ambiente externo pode estar influenciando o ambiente interno e o rumo da organização. A partir daí, os líderes responsáveis pelo planejamento analisam as estratégias passíveis de implementação, ou seja, neste momento já se pode identificar quais são os conjuntos de pontos fortes e fracos da empresa a serem atacados e em que sentido a ação poderá ser tomada de modo a aproveitar a atratividade das oportunidades e minimizar o impacto das ameaças.

A análise do potencial dos clientes e a definição dos critérios prioritários constituem outro passo importante. A técnica de Pareto,[3] por exemplo, é aplicada com frequência

---

[3] Técnica de Pareto: o diagrama de Pareto torna possível a visualização das causas de um problema da maior para a menor frequência/gravidade identificando, de maneira clara, a localização das causas vitais que originaram o problema. É utilizado para estabelecer uma ordem ou priorização nas causas de problemas das mais diversas naturezas. O diagrama mostra, ainda, que

para determinar os clientes especiais. As empresas geralmente dedicam atenção e tratamento especiais aos consumidores focalizados. Estes clientes são os mais disputados e os de mais difícil retenção.

A área comercial deve adotar meios para calcular o tamanho da equipe de vendas de acordo com objetivos da fatia do mercado almejada ou possível.

A observação do ambiente de mercado deve ser constante, realizada periodicamente com a equipe de responsáveis pelas áreas envolvidas no negócio, juntamente com os *stakeholders* ou influenciadores, como são conhecidos.

Vimos, detalhadamente, nos capítulos 2 e 3, uma série de ferramentas de grande aplicação prática que poderão auxiliá-lo a decidir-se por um posicionamento estratégico definitivo da sua empresa frente ao mercado. Para atingir este posicionamento serão necessárias mudanças na sua organização. Será, então, de fundamental importância estabelecer as bases dessa metamorfose estratégica, definindo quais são os objetivos estratégicos que servirão de alicerce para essas mudanças.

Nós o convidamos, leitor, a ver, no capítulo 4, como empregar as informações dos capítulos anteriores, que trataram das ferramentas estratégicas, para elaborar e montar o plano de gestão de sua empresa.

20% dos clientes são responsáveis por 80% do faturamento da empresa (a conhecida regra 20/80).

4

Gerenciando a estratégia

Neste capítulo você verá que para realizar a gestão estratégica necessitamos, antes de tudo, definir e entender os objetivos da empresa e entender como a estratégia tem uma interação total e direta com eles, visto que os objetivos sinalizam quais as competências centrais dos pontos críticos de sucesso do negócio, transformam a missão e a visão nos focos do desempenho e do esforço maior dos empregados e fixam os índices pelos quais a performance desejada será determinada, possibilitando que a empresa elabore planos de ação eficazes.

Este capítulo se compõe da conceituação dos objetivos estratégicos, da diferença entre eles e as metas, da apresentação dos objetivos — estratégicos e financeiros — e suas prioridades e do emprego da matriz de priorização e avaliação de projetos (MPAP). Além disso, veremos os princípios do alinhamento estratégico e como alinhar unidades, departamentos e setores, integrando as pessoas à estratégia, ressaltando a importância da liderança no gerenciamento da estratégia. Vamos, então, a estes tópicos?

Conceitos iniciais

A estratégia tem início com um estudo aprofundado das variáveis política, econômica, social e tecnológica do macroambiente em que a empresa está inserida. Isso possibilita uma definição clara de seu campo de atuação, uma oportunidade de previsão de possíveis reações às ações empreendidas e um direcionamento que a leve ao crescimento.

A simples definição de objetivos, entretanto, não obriga a empresa a utilizar uma única estratégia. Os fins que a empresa quer alcançar são os objetivos, enquanto o meio para alcançar esses fins é a estratégia.

A estratégia, para ser eficaz, terá que atuar nas variáveis do macroambiente e servir de caminho para que a organização atinja os objetivos do negócio. Observe a figura 20.

Figura 20
AMBIENTES DE ATUAÇÃO DA ESTRATÉGIA

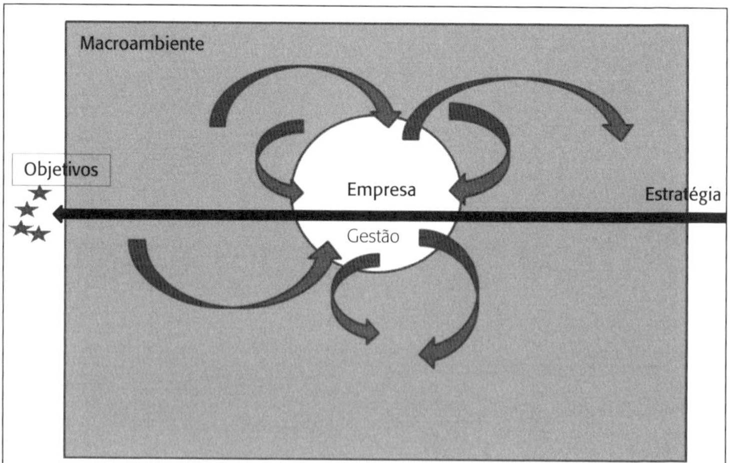

Para cada item da estratégia, deve ser elaborado um plano de ação respondendo às perguntas:

❏ O que será feito?
❏ Quando será feito?
❏ Quem fará?
❏ Quanto custará?
❏ Qual o resultado esperado?

A avaliação da lucratividade da empresa e da satisfação dos seus clientes poderá nos auxiliar no sentido de termos uma boa noção de como está o desempenho da organização. Assim, os objetivos são, acima de tudo, estratégicos e não só financeiros. Esta é uma diferença crucial entre os dois, pois objetivos estratégicos visam a sustentabilidade do negócio por muitas gerações e não só o lucro de curto prazo.

Elaborar estratégias que diferenciem a empresa de seus concorrentes e que a mantenham na direção do sucesso torna-se uma condição fundamental, assim como estabelecer missão e objetivos claros.

Objetivos

Os objetivos estratégicos significam a razão de ser da empresa e para onde devem convergir todos os esforços; já as metas dentro dos objetivos são os alvos específicos a serem alcançados. Todos os planos desdobrados do plano fundamental têm como condição básica o objetivo. Dessa forma, deve-se ter cuidado ao estabelecer os objetivos para que não fiquem vagos ou mal enunciados, acarretando falhas graves na definição de políticas, de estruturas e de estratégias.

O desempenho da empresa pode ser medido pela consecução de seus objetivos e propósitos. Eles têm-se tornado instrumento de medição da eficácia da aplicação de recursos humanos, físicos e financeiros na empresa.

Após a utilização das ferramentas de análise estratégica, apresentadas no capítulo 2, que permitiram à empresa situar-se quanto ao contexto dos seus negócios, ela pode definir os seus objetivos e metas.

Os objetivos são resultados qualitativos e quantitativos a serem conseguidos pela empresa, em certo prazo, de acordo com suas políticas, diretrizes e análises de cenários.

Os objetivos, segundo Thompson e Strickland (2002) podem ser: (a) estratégicos; e (b) financeiros. Os objetivos estratégicos auxiliarão todos que exercem cargos de chefia a executar, no presente, tudo que possam para conquistar uma posição competitiva no longo prazo. Os objetivos financeiros são os que permitirão que a organização garanta os recursos para se manter com vitalidade no curto prazo.

Os objetivos financeiros se referem ao fluxo de caixa, retorno para os acionistas, retorno sobre investimento e crescimento de receitas, enquanto os estratégicos se referem à participação no mercado, crescimento no setor, competitividade da empresa no longo prazo, satisfação e aumento do número de clientes, desenvolvimento de novos produtos, melhoria dos processos e aumento da produção por meio da participação e da motivação dos empregados.

São condições fundamentais para que a empresa tenha êxito na consecução dos seus objetivos, sejam eles estratégicos ou financeiros: (a) que haja o alinhamento dos objetivos organizacionais com os pessoais; e (b) que a alta cúpula esteja comprometida e exerça uma liderança pelo exemplo.

Diferença entre objetivos e metas

Segundo Lu Monte (2008:2),

> os objetivos mostram a estrada a ser seguida e as metas são as frações dos objetivos, os passos que você deve dar para percorrer o caminho. Elas representam suas ações concretas, seu esforço para chegar ao destino.

Uma vez estabelecidos os objetivos, devemos transformá-los em metas, ou seja, em tarefas que serão realizadas num curto prazo, em etapas intermediárias, até ser atingido o objetivo final. As metas têm o propósito de possibilitar melhor divisão das tarefas e controle dos resultados parciais. Como as metas são menores que o todo (objetivo), fica mais suave cumpri-las.

Na figura 21, podemos observar que, se o objetivo de uma empresa for aumentar sua produção em 18% em três anos, a meta 1 poderia ser aumentar sua produção no primeiro ano em 6%, a meta 2 aumentar a produção em 6% e a meta 3 aumentar a produção em 6%.

Figura 21
METAS E OBJETIVOS

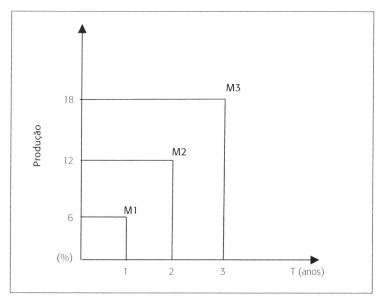

É muito importante que objetivos e metas sejam claros e bem divulgados por toda a organização para que fique compreendido o que deve ser realizado pelos empregados. Além disso, as metas precisam ser realistas e desafiantes, avaliadas, controladas e coerentes com a missão, visão e objetivo estratégico.

Aquilo que se deseja alcançar e em quanto tempo estima-se atingir o planejado será definido pelo objetivo e pelas metas, mas será o plano de ação que estabelecerá como será alcançado. As estratégias asseguram as orientações da alta direção, as políticas e diretrizes a seguir, alinhando as ações da organização. O plano de ação é o documento que contém todo esse conjunto de medidas, envolvendo aspectos administrativos, técnicos e pedagógicos que buscam o equilíbrio entre a responsabilidade coletiva e a individual.

Objetivos estratégicos, financeiros e prioridades

Os objetivos, sejam eles estratégicos ou financeiros, e as prioridades estratégicas precisam ser atingidos por meio da implementação de estratégias que compreendam ações para dar continuidade à organização. Essas estratégias devem colocar em prática as ferramentas e os recursos necessários para alcançar os resultados desejados. Veremos que as estratégias podem ser genéricas ou específicas.

Exemplos de objetivos estratégicos:

❏ *General Eletric*: Ser a empresa mais competitiva do mundo.
❏ *Rede Bahia*: (A) Capacitar a Rede Bahia a assumir uma relevante posição como formadora de força de trabalho de excelência técnica e gerencial no seu setor de atuação e perante toda sua cadeia de agregação de valor nos seus

diversos segmentos de negócios; (B) aumentar o patamar de competitividade da Rede Bahia tornando-a um *benchmark* na obtenção de resultados em cada um de seus segmentos de negócios.

❏ *Mc Donald's*: conseguir 100% de satisfação dos clientes... todos os dias... em todos os restaurantes... para todos os clientes.

Exemplo de objetivos financeiros:

❏ *Motorola*: (A) crescimento de 15% ao ano com fundos próprios. (B) retorno médio sobre os ativos de 13% a 15%.

Exemplo de prioridades estratégicas:

❏ *Mc Donald's*: (A) crescer continuadamente; inaugurar 1.750 restaurantes anualmente; (B) compartilhar as melhores práticas com todas as lojas, atenção cuidadosa na eficiência da loja.

Se a organização procura vantagem competitiva, pode escolher várias formas de consegui-la. Concentrar-se em um único negócio ou diversificar, atender a vários tipos de clientes ou certo nicho, desenvolver uma linha ampla ou específica de produtos, ser competitiva pelo custo baixo, superioridade de produto ou capacidade organizacional.

É preciso também que a empresa decida como responder às novas exigências dos clientes, como reagir às mudanças na economia, como crescer no longo prazo e como alcançar os objetivos de desempenho que a diferenciarão da concorrência.

Após definir e conhecer os objetivos estratégicos, você poderá utilizar uma ferramenta de auxílio à priorização dos mesmos, ou das várias decisões a tomar ao longo do processo de gestão da estratégia. Essa ferramenta é a MPAP.

Matriz de priorização e avaliação de projetos (MPAP)

Emprega-se quando é preciso estabelecer prioridades entre fatores. A matriz de priorização e avaliação de projetos pode ser adaptada para definir prioridades dos objetivos estratégicos de uma empresa. Vamos ver um exemplo de emprego desta matriz na figura 22. Considere que definimos, em nossa empresa, os sete objetivos estratégicos (de A até G) descritos a seguir:

A: obter índice de satisfação dos clientes internos superior a 80%;
B: desenvolver iniciativas para a melhoria da produtividade em, pelo menos, 15%;
C: dominar 70% das vendas no mercado do produto Y, até o final de 2010;
D: aumentar o faturamento em 10%, em relação ao ano de 2009;
E: promover a melhoria contínua da prestação de serviços;
F: implantar, até dezembro de 2010, a política de valorização dos funcionários;
G: atualizar, até dezembro de 2010, o perfil dos funcionários quanto à formação técnica.

Figura 22
Exemplo de aplicação da MPAP

Matriz de priorização

	A	B	C	D	E	F	G	H	I	J	Assunto	Colocação
A											Obter índice de satisfação dos clientes internos superior a 80%.	4º
B	B										Desenvolver iniciativas para a melhoria da produtividade em 15%, até 15 de dezembro.	2º
C	A	B									Dominar 70% das vendas no mercado do produto Y, até o final de 2010.	5º
D	D	D	D								Aumentar o faturamento em 10%, em relação ao ano de 2009.	1º
E	A	B	C	D							Promover a melhoria contínua da prestação de serviços.	7º
F	F	B	F	D	F						Implantar, até dezembro de 2010, a política de valorização dos funcionários.	3º
G	A	B	C	D	G	F					Atualizar, até dezembro de 2010, o perfil dos funcionários quanto à formação acadêmica e técnica.	6º
H												
I												
J												
Total	3	5	2	6	0	4	1	0	0	0		

PLANEJAMENTO E GESTÃO ESTRATÉGICA

De acordo com nossa experiência e conhecimento, determinamos a prioridade entre eles, comparando o objetivo de cada coluna com o de cada linha.

Passo 1: na primeira coluna, ao comparar o objetivo A com o objetivo B, podemos decidir que B é o mais importante; então colocamos B na interseção.

Passo 2: agora, ao comparar o objetivo A com C, podemos decidir que A é mais importante; então colocamos A na interseção.

Passo 3: comparando o objetivo A com o D, podemos decidir que D é mais importante; então colocamos D na interseção.

Passo 4: comparando o objetivo A com o E, podemos decidir que A é mais importante; então colocamos E na interseção.

Passo 5: comparando o objetivo A com o F, podemos decidir que F é mais importante; então colocamos F na interseção.

Passo 6: e comparando o objetivo A com o G, podemos decidir que A é mais importante; então colocamos A na interseção.

Assim, na primeira coluna, obtivemos um total de 3 A.

Este mesmo procedimento deverá ser repetido para as próximas colunas, comparando-se o objetivo B, C, D, E, F e G com os demais objetivos de cada linha, colocando-se sempre o mais importante na respectiva interseção.

Após fazer todas as comparações da matriz, vamos somar, na primeira coluna, todos os As, que, neste caso, totalizaram 3.

Depois, somaremos todos os Bs da primeira e da segunda colunas; no caso, somaram 5.

Somando todos os objetivos C da primeira, da segunda e da terceira colunas, teremos 2.

Somando todos os objetivos D da primeira, da segunda, da terceira e da quarta colunas, teremos 6.

Somando todos os objetivos E da primeira, da segunda, da terceira, da quarta e da quinta colunas, teremos 0 (zero).

Somando todos os objetivos F da primeira, da segunda, da terceira, da quarta, da quinta e da sexta colunas, teremos 4.

E, somando-se todos os Gs da primeira, da segunda, da terceira, da quarta, da quinta, da sexta e da sétima colunas, teremos 1.

Desta forma, preencheremos o campo "colocação" da matriz, no qual o primeiro lugar será do objetivo que apareceu mais vezes na matriz, no caso, seis vezes — o objetivo D.

Em segundo lugar, veio o objetivo B, com cinco vezes.

Em terceiro lugar, veio o objetivo F, com quatro vezes.

Em quarto lugar, veio o objetivo A, com três vezes.

Em quinto lugar, veio o objetivo C, com duas vezes.

Em sexto lugar, veio o objetivo G, com uma vez.

Em sétimo lugar, veio o objetivo E, que não apareceu nenhuma vez (zero).

Finalizando, a prioridade dos objetivos será:

1º lugar - D
2º lugar - B
3º lugar - F
4º lugar - A
5º lugar - C
6º lugar - G
7º lugar - E

Como pudemos demonstrar, apesar de existir um elemento de extrema importância na avaliação da postura estratégica, que é a subjetividade, as matrizes podem nos auxiliar bastante no estabelecimento das prioridades dos objetivos. Os modelos vistos irão lhe assegurar uma metodologia confiável, em base científica e avalizada pela experiência de muitos anos de utilização com grande sucesso. É importante a ressalva para a necessidade de que sejam compilados dados confiáveis, pautados em minuciosas pesquisas para a escolha dos objetivos e metas estratégicos adequados, possibilitando uma tomada de decisão estratégica acertada, que irá se consubstanciar no plano de ação ou de gestão.

Plano de gestão

Podemos afirmar que, ainda hoje, o grau de sucesso na implementação de uma estratégia empresarial é muito baixo, girando em torno de 10% a 30% o número de empresas que definem uma estratégia e, de fato, a implementam conforme o planejamento.

Tal constatação vem, há alguns anos, levando os pesquisadores, consultores e gestores à conclusão de que a capacidade de executar uma estratégia é tão ou mais importante que a estratégia em si. Podemos concluir que ter uma ótima estratégia é, de fato, necessário, porém não é o suficiente. Isto quer dizer, na prática, que é melhor saber conduzir, gerenciar e liderar sua equipe e empresa para o que você planejou, mesmo que não seja um grande planejamento, do que, simplesmente, definir o novo destino de forma clara e não saber navegar até lá.

Podemos considerar que, desde a Revolução Industrial até meados do século XX, era simples e objetivo definir uma estratégia e gerenciá-la, tendo em vista que o foco de uma empresa daquela época baseava-se na produção eficiente de bens e produtos tangíveis. Portanto, aumentar a eficiência e medir os resultados financeiros das empresas era suficiente para garantir a sustentabilidade e a base de informações para decisões corretas em relação ao futuro do negócio. Era a concorrência com base na eficiência produtiva.

Com a chegada, na segunda metade do século XX, da "era da informação e dos serviços", ficou mais difícil definir os diferenciais de uma empresa, bem como medi-los e gerenciá-los.

Explicamos melhor: desde a grande evolução tecnológica, da informação, da robótica, das telecomunicações e da internet nos últimos 25 anos, ficou muito mais fácil fazer um produto igual ao de um concorrente. Além de ficar mais fácil, também ficou mais rápido copiar esse produto. A informação corre o mundo em alguns segundos. Se lembrarmos que a palavra diferencial deriva da palavra diferente, e que um produto só é diferente enquanto não houver outro similar ou igual, podemos concluir que os ciclos de diferenciação e de vida de um produto encurtaram significativamente no último quarto de século. E o que aconteceu desde então?

Podemos observar, principalmente a partir da década de 1990, que o diferencial de uma empresa passou a estar na qualidade das informações externas e internas que essa empresa consegue garimpar e na qualidade das decisões tomadas pelo grupo gerencial. Definir as novas formas de interação com os consumidores, em que o serviço, o relacionamento e as tecnologias de comunicação ganharam imenso espaço na competição pela mente e pelos recursos financeiros do cliente, passou a ser o novo desafio da gerência empresarial. Ser operacionalmente eficiente não é mais garantia de sucesso.

A partir deste momento histórico de mudanças na forma de competir, ou seja, dos modelos estratégicos, os gestores, que antes só olhavam para o processo produtivo e para os indicadores financeiros como ferramentas gerenciais, encontraram enormes dificuldades em realizar e gerenciar um planejamento estratégico.

Roberto Kaplan e David Norton (1997), respectivamente professor e executivo, buscaram entender o novo paradigma da estratégia e da gestão empresarial. Por meio de consultorias e pesquisas em grandes empresas e universidades, eles descobriram que as empresas:

❏ definiam estratégias difíceis e confusas para serem executadas;
❏ não associavam à estratégia metas dos departamentos, equipes e pessoas;
❏ não definiam orçamento de apoio à estratégia, mas apenas de apoio à operação existente;
❏ não realizavam reuniões de *feedback* estratégico, mas apenas operacional.

Com base nessas constatações, na mudança do paradigma da competição e no alto índice de fracasso na implantação das estratégias, Kaplan e Norton sugeriram um novo modelo ou procedimento de gestão, cujo objetivo central é adequar, à nova forma de competir e se organizar, uma nova forma de gerenciar, facilitando assim a implantação das estratégias nas empresas.

Princípios do alinhamento estratégico

O *balanced scorecard*, metodologia de gestão desenvolvida por Kaplan e Norton (1997), pode ter seus resultados resumidos em duas palavras: foco e alinhamento. Empresas, tanto no Brasil quanto no exterior, que experimentaram o BSC atestam esses resultados.

Antes de tudo, para alcançar o foco, a empresa precisa de uma estratégia clara e, mais do que isso, de objetivos estratégicos bem definidos. Os objetivos, como já apresentado neste capítulo, são os pilares de sustentação da estratégia e do novo posicionamento. O BSC vai ajudar a equipe gestora a manter esses objetivos no foco de todos os funcionários da empresa, facilitando, dessa forma, o alinhamento entre os departamentos, setores, equipes e indivíduos.

Após alguns anos de lançamento do BSC, muitas empresas experimentaram a aplicação da metodologia. Cada uma, à sua maneira, desenvolveu a ferramenta BSC e obteve resultados bem interessantes. Kaplan e Norton (2004) observaram que, guardando-se as diferenças entre cada empresa e mercado, todas elas seguiram padrões e procedimentos de aplicação e gerenciamento que, aos poucos, foram sendo incorporados ao BSC e que, atualmente, formam os princípios básicos da metodologia. Esses princípios podem ser descritos da seguinte forma:

❏ traduzir a estratégia em termos práticos e operacionais;
❏ alinhar a organização à estratégia;
❏ transformar a estratégia em tarefa de todos;
❏ converter a estratégia em processo contínuo.

Vamos conhecer um pouco de cada princípio e entender a importância da liderança executiva no processo de gestão empresarial. Esses princípios estão na figura 23.

Figura 23
PRINCÍPIOS DO BSC

Fonte: Adaptado de Kaplan e Norton (2000:36).

Traduzindo a estratégia de forma prática e operacional

Nessa primeira etapa de construção do BSC, a pergunta principal a ser respondida é: Qual é a estratégia da empresa? Afinal, estamos querendo traduzir a estratégia de forma prática e operacional, para que ela se torne um fato, uma realidade, um resultado.

Traduzir a estratégia significa fazer com que todos da empresa entendam os rumos que a alta direção decidiu tomar e os porquês dessas decisões. Torná-la prática e operacional significa que, além de traduzir a estratégia, é preciso fornecer uma ferramenta que capacite o gerenciamento das atividades, ou seja, que possibilite medir, analisar e melhorar as atividades de suporte à estratégia, aos objetivos e ao posicionamento projetado.

Imagine que você seja designado para técnico de um atleta de corridas de curta distância e que o objetivo principal do seu corredor seja reduzir seu tempo em meias-maratonas (corridas de 21 km) num prazo de seis meses.

Sabe-se que, de acordo com o histórico de atletas desse nível, a otimização dos resultados possibilita ao atleta obter melhores prêmios, patrocínios e contratos de publicidade.

Na verdade, como técnico você assume a posição de gestor desse atleta e desse objetivo principal, que é melhorar o tempo de corrida em competições de 21 km. Como faria para gerenciar essa situação, caso a meta fosse reduzir o tempo de 80 min para 60 min? Quais atividades você mediria ou gerenciaria? Quais objetivos, ou subobjetivos, poderiam ser definidos como suporte ao objetivo principal? Que indicadores poderiam ser utilizados? Que metas definir para cada objetivo? Pense um pouco sobre esse caso antes de analisar o quadro 7.

Quadro 7
Traduzindo a estratégia em termos práticos

Objetivo	Indicador	Tipo	Meta	Plano	Investimento	Predecessor
1 Diminuir tempo corridas de 21 km	Tempo (min)	Resultado	80 para 60 min	—	—	Objetivos 2, 3 e 4
2 Diminuir peso	Peso (kg)	Resultado	90 para 75 kg	—	—	Objetivos 4 e 5
3 Fortalecer musculatura	Massa muscular (kg)	Resultado	Aumentar 1 kg	—	—	Objetivo 4
4 Melhorar treinamento	Número e qualidade dos treinos	Tendência	Aumentar de dois para quatro por semana com metodologia	Contratar personal de corrida e ingressar na academia	R$ 800,00 a R$ 1.500,00 por mês, durante seis meses	Nível de processo sem predecessor
5 Melhorar alimentação	Calorias e composição	Tendência	Diminuir de 2.500 para 1.700 kcal/dia	Contratar nutricionista esportista	R$ 1.500,00 para acompanhamento de seis meses	Nível de processo sem predecessor

Todas as conclusões desse caso nos ajudam a entender a metodologia BSC, mas antes disso é importante voltarmos à equação 3, do capítulo 1:

$$\text{Resultado (R\$) } g_e \text{ (pessoas, processos, clientes)} \quad \Rightarrow \quad \text{equação 3,}$$

onde g_e é a função gestão estratégica das variáveis.

Após diversas análises e estudos em um grande número de empresas, Kaplan e Norton (2004) perceberam que poderiam utilizar, como referencial de partida para qualquer plano de gestão estratégica, o chamado mapa estratégico, que contempla quatro perspectivas a serem gerenciadas. Todo e qualquer objetivo de alto ou baixo grau de importância dentro do planejamento pode ser decomposto, em princípio, nas perspectivas financeira, do cliente, de processos internos e de aprendizado e crescimento. Podemos observar este mapa com suas perspectivas na figura 24.

As regras sobre o mapa estratégico podem ser resumidas nos tópicos a seguir:

❏ para o objetivo principal devem ser definidos um indicador, uma meta mensurável, um prazo e um investimento correspondente;
❏ o objetivo principal deve ser decomposto em subobjetivos, dentro de cada perspectiva do mapa, e cada subobjetivo deve seguir a primeira regra, acima descrita;
❏ os indicadores podem ser classificados como de resultado ou de tendência. Os indicadores de resultado, como o próprio nome diz, permitem medir apenas os resultados das mudanças feitas em um ou mais processos. Podemos citar como exemplo de indicador de resultado a satisfação do cliente, a qualidade, o volume de vendas e o ROI (*return on investment* — retorno sobre o investimento). Os indicadores de tendência permitem medir processos, quantidade de tecnologia empregada, ações práticas de motivação etc.;
❏ todo e qualquer objetivo, se tiver sua meta alcançada, deverá impactar outro objetivo descrito no mapa estratégico. Numa sequência de causas e efeitos o objetivo principal deverá ser alcançado.

Figura 24
MAPA ESTRATÉGICO E SUAS PERSPECTIVAS

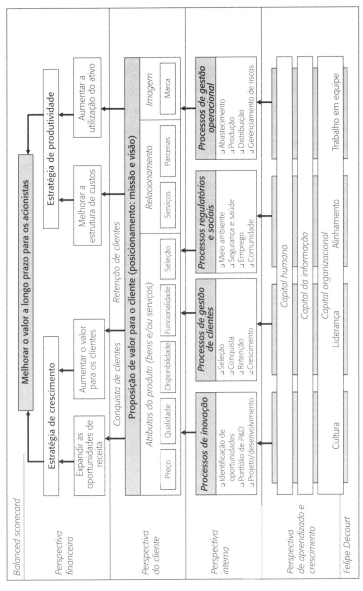

Fonte: Adaptado de Kaplan e Norton (2004:11).

Alinhando as unidades, departamentos e setores à estratégia: foco

O mapa estratégico central, ou seja, o mapa que traduz a estratégia no seu nível mais alto, ou mais abrangente, é o primeiro passo para facilitar a comunicação e o entendimento da estratégia e de seus pilares de sustentação. Contudo, o mapa central sozinho não é suficiente para movimentar toda uma organização em direção ao destino traçado.

Para facilitar a organização e os processos internos, as empresas são estruturadas em departamentos, unidades de negócio, unidades de apoio, setores etc. Entretanto, é muito comum esquecermos que esse tipo de organização foi criado para aumentar a sinergia interna. Encontramos, em muitas empresas, a formação de pequenos silos, ou "castelos", que dificultam a fluidez dos processos, principalmente quando se trata de mudanças significativas na operação ou na estratégia.

Ao esquecermos que uma empresa é um conjunto de competências, ou seja, um conjunto de recursos e capacidades que, numa cadeia de processos, gera um produto ou um serviço com características próprias, e nos concentrarmos nos títulos, sejam eles pessoais ou setoriais, estamos congelando a empresa e sua capacidade de mutação. Isso significa dizer que estamos aumentando sua capacidade de falir sem saber o porquê. O BSC vem auxiliar e mostrar que, sem o entendimento do foco e o alinhamento entre as unidades, departamentos e setores, não é possível, ou torna-se altamente dispendioso, levar o barco ao seu destino. É preciso romper essa barreira interna para tornar-se uma empresa atenta, flexível e ágil.

A partir da criação e entendimento do mapa estratégico central, cada gestor deverá entender como sua unidade, departamento ou setor deverá colaborar para a estratégia global e, a partir dessa análise, construir o seu próprio mapa. É primordial que a relação causa e efeito esteja bem clara entre os diversos mapas da empresa. Todas as unidades de negócio devem estar com seus mapas estratégicos alinhados com o da matriz, tal como podemos ver na figura 25.

Figura 25
UNIDADES DE NEGÓCIOS ALINHADAS À MATRIZ

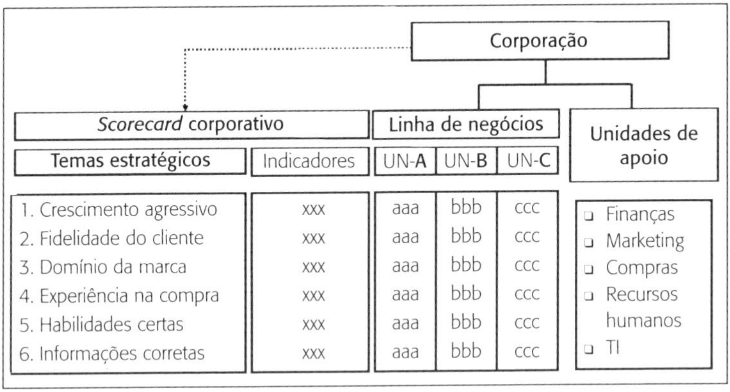

Scorecard corporativo		Linha de negócios			Unidades de apoio
Temas estratégicos	Indicadores	UN-A	UN-B	UN-C	
1. Crescimento agressivo	xxx	aaa	bbb	ccc	❏ Finanças
2. Fidelidade do cliente	xxx	aaa	bbb	ccc	❏ Marketing
3. Domínio da marca	xxx	aaa	bbb	ccc	❏ Compras
4. Experiência na compra	xxx	aaa	bbb	ccc	❏ Recursos humanos
5. Habilidades certas	xxx	aaa	bbb	ccc	
6. Informações corretas	xxx	aaa	bbb	ccc	❏ TI

Acima: Corporação

Fonte: Adaptado de Kaplan e Norton (2000:178).

Vamos exemplificar com duas situações. Imagine que uma empresa possua três unidades de negócio e que a meta de faturamento, considerando um crescimento de 12% no ano seguinte, seja de R$ 50 milhões. Esse objetivo e essa meta estariam no mapa central; portanto, para se tornarem práticos, deveriam ser decompostos nas três unidades de negócio da empresa. Para o sucesso da estratégia, é preciso estar claro qual unidade deverá crescer mais, se todas crescerão proporcionalmente ou até se alguma delas deverá ter sua receita reduzida. A partir desses desmembramentos cada unidade poderá, ou deverá, construir o seu próprio mapa, fortalecendo, dessa forma, o alinhamento da empresa em torno da estratégia. Contudo, isso nem sempre ocorre. Imagine que uma pequena empresa possua um setor comercial e um setor de orçamentos, mas que apenas o setor de orçamentos tenha-se preocupado em montar um BSC com base na estratégia definida pela diretoria. O objetivo principal para os setores comercial e orçamento seria contribuir para o aumento da receita da empresa. É óbvio e natural que alguns subobjetivos, como o de aumentar o índice de aprovação das propostas, estejam presentes nos dois setores e que tal fato, se entendido, deveria provocar um alinhamento natural entre as duas gerências. Por mais intuitivo que seja esse subobjetivo — aumentar o número de propostas aprovadas —, é importante lembrar que esse é um objetivo de resultado, ou seja, é preciso entender que mudanças nos processos de operação afetarão o índice de aprovação de propostas. Pelo setor de orçamento, por exemplo, melhorar a apresentação da proposta seria uma mudança operacional e, no setor comercial, talvez capacitar o vendedor para um melhor esclarecimento da proposta. Esse segundo exemplo mostra que cada unidade, departamento ou setor pode montar seu próprio BSC independente, mas que a sinergia fundamental para a empresa só acontece quando todos estão envolvidos e alinhados. Observe este exemplo na figura 26.

Figura 26
EXEMPLO DE APLICAÇÃO DO BSC

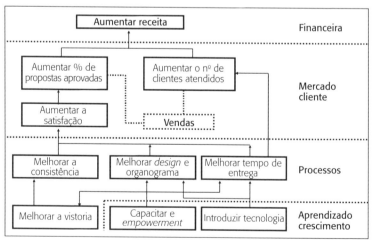

Integrando as pessoas à estratégia

A estratégia pode ser planejada por cinco pessoas no topo da estrutura hierárquica de uma empresa, mas ela não será bem-implementada se os 50, 500 ou 5 mil funcionários da pirâmide não entenderem aonde se deseja chegar, como fazer para chegar ao destino e o que ganharão por uma dedicação extra. De certa forma, responder a essas três questões nos ajuda a criar um plano de integração de todos os funcionários da empresa, aumentando ainda mais a sinergia em torno da estratégia.

As organizações que, de fato, estão focadas em suas estratégias não podem abrir mão de fazer todos os empregados entenderem a estratégia traçada, e assim conduzirem suas atividades e tarefas diárias à luz do plano central.

A primeira etapa desse processo de integração das equipes é a comunicação. Pouco adianta criar uma estratégia e apenas divulgá-la em quadros de aviso ou descritivos de visão e missão. É muito importante fazer os empregados conhecerem efetivamente o plano estratégico da empresa. Nessa fase de integração é útil pensar a estratégia como um produto que deve ser vendido para dentro da empresa. É por isso que o suporte de RH e marketing no processo de difusão da estratégia é de grande valia. Os empregados não vão executar, ou comprar uma ideia, se não a conhecerem e atestarem como válida e útil para o negócio.

Monte um plano de comunicação interna bem detalhado para seu planejamento estratégico; este é um grande passo para a realização do planejamento que sua empresa estará dando!

A segunda etapa do processo de integração trata de educar os empregados. Isto significa que os líderes da empresa devem explicar a metodologia de gestão a ser empregada na execução da estratégia, tirando as dúvidas que surgirem. Vamos considerar que a primeira etapa do processo, a comunicação, tenha sido executada com sucesso, ou seja, todos os funcionários conhecem bem a estratégia e aprovam as ideias desenvolvidas para o futuro do negócio. Sem dúvida, a primeira pergunta que viria à cabeça desses funcionários seria: "Entendemos a estratégia, mas como faremos para implantá-la?". Nesse momento da implantação os mapas estratégicos são as ferramentas de trabalho. Antes de apresentá-los, porém, é importante uma explicação aos empregados sobre o que é o *balanced scorecard* e como essa metodologia funciona. Os mapas funcionam como um tradutor da estratégia, tornando fácil a compreensão de como cada unidade, setor, departamento e pessoa deverá contribuir para a execução da estratégia global.

Ao final desta etapa, certamente os empregados conhecerão bem a estratégia e saberão o que devem fazer para contribuir com ela. Contudo, a conexão final entre a estratégia de alto nível e as atividades diárias se fortalece quando o processo de remuneração variável passa a estar vinculado ao BSC. Executivos de diversas empresas que implantaram o BSC atestam que a vinculação do bônus às atividades de educação e comunicação ajudou a dar foco nos indicadores, objetivos e tarefas que mais interessavam na construção do novo posicionamento do negócio. Portanto, essa constatação nos ensina que a escolha dos indicadores é um tema delicado e essencial no sucesso da estratégia. Tendo em vista que os empregados terão um foco muito claro por meio dos indicadores, é de suma importância que esses indicadores/objetivos traduzam de fato a estratégia traçada.

Perceba, leitor, que, se o grupo gestor definir para sua equipe de vendas um indicador de volume de vendas sem definir um indicador de lucro operacional mínimo, correrá o risco de a equipe de vendas, focada apenas no indicador de volume, vender abaixo do custo. Tal cuidado deverá ser tomado para todos os indicadores associados ao processo de remuneração variável. Observando a figura 27 você verá que, para que a estratégia seja implantada na empresa, três atividades são fundamentais: comunicação e educação, definição de metas e sistema de remuneração.

Figura 27
CONEXÃO ENTRE ESTRATÉGIA DE ALTO NÍVEL E ATIVIDADES

Comunicação e educação
Definição de metas
Sistema de compensação

Estratégia: uma tarefa de todos

Gerenciando a estratégia

Seria natural imaginar que, após o desenvolvimento da estratégia e de todas as etapas do BSC descritas até o momento, a estratégia seja implantada com facilidade. De fato, a execução dos mapas e o processo de focalizar e alinhar a empresa em torno de objetivos bem definidos já são um grande avanço para a realização da estratégia planejada. Contudo, a manutenção e o monitoramento constante dos objetivos e metas estratégicas estabelecidas serão de fundamental importância.

Para a maioria das empresas, o processo de *feedback* gerencial envolve o orçamento empresarial e o plano de operação para o ano corrente. Naturalmente que esse processo é importante para a verificação das metas de curto prazo, que são a base para o sucesso futuro, mas se, paralelamente, o corpo gerencial não criar um processo de monitoramento das atividades estratégicas, nunca se chegará ao destino planejado, mas sim a um destino inesperado.

Imagine que, ao longo do planejamento estratégico de uma empresa, o corpo gerencial, com base numa demanda crescente de mercado, tenha verificado a importância da construção de uma nova fábrica. Todo o processo de construção dessa fábrica, a compra de equipamentos, a contratação de empregados e o treinamento deverão ser monitorados por pelo menos dois a três anos sem que essa fábrica gere um centavo de receita para a empresa. A construção dessa nova fábrica é uma atividade estratégica e deve ser monitorada constantemente, a fim de que ela entre em operação quando a demanda estiver crescendo. Se o corpo gerencial dessa empresa monitorar apenas as atividades e o orçamento do ano corrente, deixando de lado os objetivos estratégicos, como a construção da nova fábrica, estará falhando gravemente com todo o trabalho feito anteriormente, e pior, com a sustentabilidade da empresa no futuro. Imagine que, se a empresa não atender à demanda projetada, estará abrindo espaço para que a concorrência atenda.

As organizações bem-sucedidas na implantação de suas estratégias são aquelas que conseguiram conectar as metas de longo prazo ao processo orçamentário e de *feedback* de curto prazo. O primeiro passo é separar o orçamento operacional do orçamento estratégico, a fim de tratar de uma forma especial as metas de longo prazo. Naturalmente que o orçamento estratégico completo não poderia ser alocado em apenas um ano, mas parte dele sim. Lembre-se, leitor, de que um prédio não é construído de uma hora para outra. Deve passar pela fundação, pela estrutura e pelos acabamentos, cada etapa a seu tempo e com seu orçamento correspondente.

Assim como são realizadas reuniões mensais de acompanhamento das metas anuais da operação, tal deverá ser feito para a estratégia. Reuniões periódicas de *feedback* estratégico deverão ocorrer a fim de monitorar a liberação dos investimentos previstos, bem como as atividades planejadas para aquela etapa. O processo de elaboração do orçamento e o *feedback* estratégico são, enfim, a última etapa do BSC, pois fazem a conexão gerencial e operacional entre o que foi planejado e o dia a dia da empresa, possibilitando a real construção de um futuro sustentável para a organização.

De volta à liderança

Podemos afirmar que, se a empresa não possui um líder, pouco adianta lutar por uma estratégia, porque nada vai acontecer de fato. O mesmo acontece quando a empresa tem um gestor principal, mas este não enxerga o mundo externo e não entende, no momento certo, que é preciso fazer mudanças no negócio. Dessa forma, é fato que, se a empresa possui um líder e este é empolgado e atento ao mundo externo, uma estratégia será construída e os resultados projetados serão alcançados.

A verdadeira liderança executiva será capaz de perceber o momento de iniciar um processo de mudança e saberá coordenar todo o processo de adaptação dos modelos de poder, procedimentos internos, crenças, competências, tecnologia e reposicionamento da empresa.

O processo de implantação do BSC demanda envolvimento profundo do líder empresarial. Esse líder deverá coordenar o trabalho inicial de provocar a motivação do corpo diretor e gerencial, a fim de montar os mapas estratégicos, dar continuidade à análise e seleção dos indicadores e provocar a motivação e a constante comunicação entre os escalões da empresa. Seu papel é fazer as pessoas entenderem aonde se deseja chegar e quais os planos para se atingir o destino projetado. Deixar isso claro para as equipes torna o processo de implantação extremamente simplificado.

Em livros como este, é preciso separar os assuntos em blocos, como princípios básicos, estratégia, gestão e outros, a fim de facilitar o entendimento, mas o líder sabe que esses temas fluem de forma contínua, simultânea, em constante mutação e aprendizado, e que para dar certo é preciso uma grande dose de foco naquilo que realmente importa para a perenidade e autossustentabilidade do negócio. O líder sabe que, sem uma estratégia adequada, a empresa fica à deriva, esperando que a sorte traga uma boa onda ou um bom vento que empurre o barco para um destino melhor. Em organizações de qualquer porte o papel do líder é importante, mas nas micro e pequenas empresas, cujos recursos financeiros são normalmente mais limitados, seu desempenho torna-se fundamental. Por isso, nessas empresas devem-se desenvolver, em primeiro lugar, os líderes, pois eles é que são o elo entre a alta administração e os demais níveis da organização, disseminando as diretrizes e políticas traçadas. Eles, por meio do exemplo, irão contagiar os outros empregados, aumentando a confiança e a sinergia e permitindo que os planos e projetos idealizados atinjam os objetivos estratégicos assinalados pela empresa.

Conclusão

Ao finalizar este livro, esperamos que você, leitor, sinta-se provocado a discutir melhor a estratégia de sua empresa, de seus concorrentes e da empresa compradora ou fornecedora. Nossa intenção é fornecer-lhe insumos básicos para entender uma estratégia empresarial e saber criticá-la de forma coerente. Apresentamos, no decorrer do livro, as diferenças entre estratégia e eficiência operacional, o conceito essencial de posicionamento, as ferramentas de análise estratégica e como transformar o planejamento estratégico em realidade prática, com resultados. Caro leitor, seja qual for o tamanho e o mercado em que sua empresa atua, gostaríamos de chamar sua atenção para a importância do comprometimento e do esforço de todos os empregados na elaboração e implementação de um planejamento estratégico que proporcione excelentes resultados para a empresa. Contudo, se pudéssemos destacar a principal característica de uma empresa que sabe criar e executar estratégias, destacaríamos a liderança empresarial.

Pouco do que apresentamos no livro será possível realizar ou se tornará realidade se houver ausência de liderança na empresa. Isso não quer dizer que empresa sem liderança morre, mas com certeza vive mal, investindo em mercados falidos e em pessoas erradas, sem saber o porquê da ausência de resultados significativos e consistentes.

Àquele que não sabe aonde quer ir, qualquer caminho serve. Sempre foi fundamental para uma organização saber exatamente quais são seus objetivos e metas e ter um plano estratégico para alcançá-los. Mas, no mundo moderno, com o rápido avanço das tecnologias, concorrência cada vez mais acirrada e exigências crescentes dos consumidores por melhores produtos e serviços, o planejamento estratégico tornou-se uma ferramenta fundamental para que as empresas se estruturem de uma forma sustentável para enfrentar estes desafios.

Esperamos que você seja esse líder ou que trabalhe com um bom líder, capaz de entender o mundo fora da empresa, enxergar as oportunidades e conduzir as ações da organização de modo a fazer o bem tanto para sua equipe quanto para a sociedade em geral, que lá fora consome seus produtos e serviços.

Boas estratégias e sucesso!

Os autores

Felipe Decourt

Mestre e graduado em engenharia mecânica pela PUC-Rio. MBA pelo Ibmec Business School. Há mais de 10 anos nas áreas acadêmica, de consultoria e gerencial, atuou como gestor de qualidade, marketing e de engenharia da Cetest Rio e como consultor convidado da FGV e Cefet/RJ. Professor convidado do FGV Management e do Cademp/FGV, leciona as matérias marketing de serviços, planejamento estratégico e gestão estratégica. É professor convidado do NTT Treinamento Avançado e diretor executivo das empresas do Grupo Skop.

Hamilton da Rocha Neves

Pós-graduado em marketing pela Escola Superior de Propaganda e Marketing de São Paulo, com especialização em marketing na Universidade Central da Flórida e em estudo de casos e negócios na Harvard Business School. Graduado em publicidade pela Faculdade de Comunicação Cásper Líbero (SP).

Trabalhou como executivo de comunicação do Grupo Algar e atuou no jornal *O Estado de S. Paulo* como executivo de propaganda e promoção. Em 2000 foi eleito "profissional de propaganda do ano" no Prêmio Colunistas (MG). Participa como professor, palestrante e conferencista em seminários, congressos, associações e fóruns nacionais. Foi professor da Esamc/ESPM de Minas Gerais. É professor convidado do FGV Management, Cademp/FGV, FGV-Eaesp GVpec (SP).

Paulo Roberto Baldner

Mestre em ciências pela Marinha do Brasil, pós-graduado em gestão de recursos humanos pela FGV-RJ, engenheiro mecânico pela Escola Naval, com especialização em eletrônica. Realizou estágio de aperfeiçoamento em planejamento estratégico e liderança, na Teledyne Raydist Eletronic System, Virginia (USA). Foi diretor de Recursos Humanos do Bob's e de operações da Mar Oil Offshore. É professor convidado dos cursos de administração de empresas do Cademp/FGV e do FGV Management e da Fundação Escola de Serviço Público (Fesp). É consultor do Sebrae em planejamento estratégico e liderança.

Este livro foi impresso nas oficinas gráficas da Editora Vozes Ltda.,
Rua Frei Luís, 100 – Petrópolis, RJ.

Referências

AAKER, David A. *Criando e administrando marcas de sucesso*. 2. ed. Trad. Eduardo Lassere. São Paulo: Futura, 1995.

_____. *Marcas: brand equity gerenciando o valor da marca*. 2. ed. São Paulo: Negócio, 1998.

_____. *Administração estratégica de mercado*. 5. ed. Porto Alegre: Bookman, 2001.

_____. *Estratégia de portfólio de marcas*. Porto Alegre: Bookman, 2007.

BARNEY, Jay; DELWYN, N. C. *Resource-based theory*: creating and sustaining competitive advantage. New York: Oxford University Press, 2007.

BENNIS, Warren; NANUS, Burt. *Líderes*: estratégias para assumir a verdadeira liderança. São Paulo: Harbra, 1988.

CUNHA, A. G. *Dicionário etimológico Nova Fronteira da língua portuguesa*. Rio de Janeiro, Nova Fronteira, 1982.

DRUCKER, Peter. *Management*: tasks, responsibilities and practices. New York: Harper&Row, 1973. cap. 7.

_____. A administração na próxima sociedade. São Paulo: Nobel, 2002.

DUAILIBI, R.; SIMONSEN, H. Jr. Criatividade & marketing. São Paulo: Makron Books, 2000.

GHEMAWAT, Pankaj. A estratégia e o cenário dos negócios. Porto Alegre: Bookman, 2000.

GLUCK, F. N.; KAUFMANN, S. P.; WALLECK, S. *Strategic management for competitive advantage*. Boston: Harvard Business School Press, 1980.

HAMEL, Gary; PRAHALAD, C. K. Competindo pelo futuro. Rio de Janeiro: Campus, 1995.

HERNÁNDEZ, Fernando. Transgressão e mudança na educação: os projetos de trabalho. Trad. Jussara Haubert Rodrigues. Porto Alegre: Artmed, 1998.

HOOLEY, Graham; SAUNDERS, John; PIERCY, Nigel. *Marketing strategy and competitive positioning*. 3. ed. London: Prentice Hall, 2004.

JURAN, Joseph M. Juran planejando para a qualidade. 2. ed. São Paulo: Pioneira, 1992.

_____. Juran na liderança pela qualidade. São Paulo: Pioneira, 1993.

KAPLAN, Robert S.; NORTON, David P. A estratégia em ação. Rio de Janeiro: Campus, 1997.

_____; _____. Organização orientada para a estratégia. Rio de Janeiro: Campus, 2000.

_____; _____. Mapas estratégicos. Rio de Janeiro: Campus, 2004.

KEPNER, Charles H.; TREGOE, Benjamin B. *O administrador racional*: uma abordagem sistemática para solução de problemas e tomada de decisões. São Paulo: Atlas, 1972.

KIM, W. Chan; MAUBORGNE, Reneé. *A estratégia do oceano azul*: como criar novos mercados e tornar a concorrência irrelevante. Rio de Janeiro: Elsevier, 2005.

KOTLER, Philip. Administração de marketing. 10. ed. São Paulo: Prentice Hall, 2000.

_____. Marketing de A a Z: 80 conceitos que todo profissional precisa saber. 7. ed. Rio de Janeiro: Elsevier, 2003.

_____. Administração de marketing. 12. ed. São Paulo: Pearson Prentice Hall, 2006.

_____; ARMSTRONG, Gary. Princípios de marketing. 9. ed. São Paulo: Prentice Hall, 2003.

LOBATO, David M. et al. Estratégia de empresas. 8. ed. Rio de Janeiro: FGV, 2006.

MENDES, Jerônimo. Akio Morita e a Sony. Site do autor. 16 abr. 2010. Disponível em: <www.jeronimos.com.br/index.php/artigos/historias-de-sucesso/73-akio-morita-e-a-sony>. Acesso em: set. 2011.

MONTE, Lu. Objetivos, metas e indicadores para mudar sua vida. Deusario: onde as deusas se encontram, 20 out. 2008. Disponível em: <http://deusario.com/objetivos-metas-indicadores/>. Acesso em: 1 mar. 2010.

MONTGOMERY, Cynthia A. Estratégia: a busca da vantagem competitiva. 9. ed. Rio de Janeiro: Campus, 1998.

MOYSÉS FILHO, Jamil; TORRES, Maria Cândida Sotelino; RODRIGUES, Murilo Ramos Alambert; LOBATO, David Menezes (Coord.). Estratégia de empresas. Rio de Janeiro: FGV, 2003.

PORTER, Michael E. Estratégia competitiva: técnicas para análise de indústrias e da concorrência. 7. ed. Rio de Janeiro: Campus, 1986.

_____. Competição: estratégias competitivas essenciais. 7. ed. Rio de Janeiro: Campus, 1999.

PRAHALAD, C. K. Um conselho de C. K. Prahalad. Universia-Knowledge@Wharton, 13 jun. 2007. Disponível em:<www.wharton.universia.net/index.cfm?fa=viewArticle&id=1362&language=portuguese&specialId=>. Acesso em: 16 jul. 2010.

RIES, Al; TROUT Jack. *As 22 consagradas leis do marketing*. São Paulo: Pearson Education do Brasil, 1993.

_____. *Posicionamento*: a batalha pela sua mente. 5. ed. São Paulo: Pioneira, 1997.

SCHNAARS, Stephen P. *Marketing strategy*: a customer driven approach. Toronto: Free Press, 1991.

THOMPSON, Arthur A.; STRICKLAND III, A. J. *Planejamento estratégico*: elaboração, implementação e execução. São Paulo: Pioneira, 2002.

TAS, Marcelo. *Twitter*. Disponível em: <http://twitter.com/MARCELOTAS>. Acesso em: 1 mar. 2010.

Portais visitados

ORKUT. Portal de relacionamento. Disponível em: <www.orkut.com/Main#home.aspx?hl=pt-br&tab=w0>. Acesso em: 4 mar. 2010.

PORTAL MSN. Portal de conteúdo da Microsoft. Disponível em: <http://br.msn.com/>. Acesso em: 1 mar. 2010.

WINDOWS LIVE MESSENGER. Portal de comunicação. Disponível em: <www.windowslive.com.br/>. Acesso em: 1 mar. 2010.